A TUTELA INIBITÓRIA COLETIVA E O DIREITO FUNDAMENTAL AO MEIO AMBIENTE SUSTENTÁVEL

Coleção
ADA PELLEGRINI GRINOVER

Volume I

GRASIELLY DE OLIVEIRA SPÍNOLA CARDOSO

A TUTELA INIBITÓRIA COLETIVA E O DIREITO FUNDAMENTAL AO MEIO AMBIENTE SUSTENTÁVEL

Coleção

ADA PELLEGRINI GRINOVER

Volume I

coordenadores:
Luiz Manoel Gomes Júnior
Luana Pedrosa de Figueiredo Cruz

GZ EDITORA

Universidade de Itaúna

Rio de Janeiro
2016

1ª edição – 2016

CIP – Brasil. Catalogação-na-fonte.
Sindicato Nacional dos Editores de Livros, RJ.

C262t

Cardoso, Grasielly de Oliveira Spínola
A tutela inibitória coletiva e o direito fundamental ao meio ambiente sustentável / Grasielly de Oliveira Spínola Cardoso; coordenação Luiz Manoel Gomes Júnior, Luana Pedrosa de Figueiredo Cruz. - 1. ed. - Rio de Janeiro: LMJ Mundo Jurídico, 2016.

116 p.; 23 cm. (Ada Pellegrini Grinover ; 1)
Inclui índice
ISBN 978-85-62027-77-2

1. Direito ambiental. 2. Proteção ambiental. 3. Direitos fundamentais I. Gomes Júnior, Luiz Manoel. II. Cruz, Luana Pedrosa de Figueiredo. III. Título. IV. Série.

15-27921 CDU: 349.2:347.9

contato@editoragz.com.br
www.editoragz.com.br

Av. Erasmo Braga, 299 – Sala 202 – 2º andar – Centro
CEP: 20020-000 – Rio de Janeiro – RJ
Tels.: (0XX21) 2240-1406 / 2240-1416 – Fax: (0XX21) 2240-1511

Impresso no Brasil
Printed in Brazil

Para meus pais Maria Catarina e Antônio César,
com todo o meu amor, carinho e gratidão.

Agradecimentos

A Deus, presença constante e alegre em minha vida, fonte provedora de todas as conquistas e de todo aprendizado.

Aos meus pais, Antônio César Spínola Melo e Maria Catarina de Oliveira Spínola, por tudo que me ensinaram e ainda ensinam. Por todo apoio e incentivo que sempre me deram. Por todo carinho, afeto e por todos os ensinamentos.

À minha irmã Gislaine (Gisa), pessoa querida e amável, com quem sempre aprendo muito, sobre a vida e sobre o Direito, e ao meu irmão Gisnálbert (Nalbinho) e minha cunhada Angélica, que mesmo do outro lado do Atlântico, sempre estiveram presentes em minha vida, incentivando-me a ir cada vez mais longe.

Ao meu amado Joe, que me ensinou o poder dos sonhos e partilha comigo as alegrias da realização. Obrigada pela paciência e compreensão nos momentos de ausência e por tornar os meus dias mais felizes ao seu lado.

Às amigas Nádia Priscila de Morais Teles e Renata Ribeiro Dalla Costa, que de perto e de longe torcem pelo meu sucesso e me incluem em suas orações. Agradeço também a todos os meus familiares e amigos e em especial minhas afilhadas Sara e Catarina, que alegram minha vida e revigoram minhas energias. À minha tia Maria de Lurdes Spínola Antunes, pela oportunidade e pelos ensinamentos.

Agradeço também às amizades que tornaram mais suaves as dificuldades inerentes a essa pesquisa e que serão cultivadas para muito além da academia: Ana Luiza de Melo Rocha, Ana Flávia Nogueira Silva, Júlia Garcia Silva de Azevedo e Lílian Nássara Miranda Chéquer.

Aos professores que me auxiliaram nesta caminhada e inspiraram para sempre minha trajetória acadêmica: Dra. Miracy Barbosa de Sousa Gustin, Dr. Gregório Assagra de Almeida, Dr. Aziz Tuffi Saliba, Dr. Carlos Alberto Simões de Tomaz, Dra. Susana Camargo Vieira, Dr. Lucas Abreu Barroso, Dra. Márcia Pereira Costa e também à Universidade de Itaúna, na pessoa do Magnífico Reitor Dr. Faiçal David Freire Chéquer, por proporcionar um espaço de aprendizado tão fecundo, com um corpo docente tão capacitado.

Pelo conhecimento compartilhado, amizade sincera, carinho e empenho ao idealizar e materializar este sonho, meu eterno agradecimento à Dra. Luana Pedrosa de Figueiredo Cruz e ao Dr. Luiz Manoel Gomes Júnior.

Agradecimentos especiais à Dra. Ada Pellegrini Grinover, pela disponibilidade, paciência, generosidade e sabedoria com que orientou esta pesquisa. Foi para mim verdadeira honra tê-la como orientadora e nosso contato só fez aumentar minha admiração.

Por fim, agradeço aos meus alunos, que muito me ensinam e motivam no caminho do Direito e na busca pela Justiça.

"Não se trata de saber quais e quantos são esses direitos, qual é a natureza e seu fundamento, se são direitos naturais ou históricos, absolutos ou relativos, mas sim qual é o modo mais seguro para garanti-los, para impedir que, apesar das solenes declarações, eles sejam continuamente violados."

Norberto Bobbio

Apresentação

A produção científica, no Direito, se revela por meio de publicações. É através de ensaios, artigos, comentários e livros, que os estudiosos apresentam suas idéias, suas críticas ao sistema, suas reflexões a respeito daquilo que se pode fazer de melhor, no Direito.

Nos Direitos Fundamentais, tais estudos se consubstanciam no grande elo dos estudiosos do Direito com a sociedade que, afinal, é a real destinatária de todos os esforços que se façam para a melhoria dos métodos de prestação do serviço jurisdicional do Estado.

A Editora GZ tem uma política ampla na difusão do saber jurídico. Sua história é pautada pela busca da excelência, pela vontade firme e contínua de contribuir para a construção da Nação que todos queremos, pela via da difusão do pensamento jurídico.

A Universidade de Itaúna cumpre seu papel social com extrema coragem e determinação. Com destemor, investiu na construção de um Programa de Mestrado inovador e contemporâneo.

E o resultado é evidente: contribui a Universidade de Itaúna, por seu Programa de Pós-graduação *stricto sensu*, para a difusão de idéias voltadas ao aprimoramento da defesa dos Direitos Fundamentais e na estruturação do Sistema Único de Processos Coletivos.

Foi nesse contexto que nasceu o Mestrado em Direitos Fundamentais, com duas linhas de pesquisa: Direito Processual Coletivo e Efetividade dos Direitos Fundamentais, Organizações Internacionais e Proteção dos direitos Fundamentais.

Nada mais feliz e oportuno, portanto, do que a junção de esforços de uma e de outra dessas instituições: Editora GZ e a Universidade de Itaúna.

O resultado deste esforço conjugado, dessa união de propósitos convergentes, apresenta-se ao público leitor por meio de livros gerados no ambiente do Programa de Mestrado, como dissertações cuidadosamente escolhidas pelos respectivos orientadores e coordenadores da coletânea, sem dispensar a chancela da própria homenageada. Anote-se, ainda, que muitos outros, de igual envergadura, com a mesma densidade, certamente virão.

Quando pensamos na criação da coletânea, imediatamente concordamos que não poderia ser outra a homenageada, senão a Professora Ada Pellegrini Grinover que nos dá a honra de ser colega no mesmo programa.

Ada Pellegrini Grinover (Nápoles, 1933) é uma jurista ítalo-brasileira, formada pela Faculdade de Direito da Universidade de São Paulo em 1958 e Procuradora do Estado de São Paulo aposentada. Ada Pellegrini, junto de outros grandes nomes como Miguel Reale, Maria Helena Diniz e o Professor Goffredo Telles Jr. participaram ativamente na elaboração da moderna legislação do país, contribuindo de forma decisiva para o atual desenvolvimento social e jurídico brasileiro. São professores pertencentes a série dos "Titãs" e que obedecem a técnicas de indução ao raciocínio lógico possibilitando o aprendizado de maneira ordenada e com bastante permeabilidade.

Obteve um doutorado em direito pela Faculdade de Direito da Universidade de São Paulo em 1970, instituição da qual se tornou livre-docente em Direito Processual Civil em 1973

Tornou-se professora titular em 1980 e aposentou-se em 2003. É também doutora *honoris causa* pela Universidade de Milão e membro da Academia Paulista de Letras.

A primeira obra da coleção, de autoria da Professora Grasielly de Oliveira Spínola, é um trabalho de fôlego, que preenche uma lacuna de há muito sentida por todos. E o faz com eficiência, elegância, competência e densidade.

Muitos outros, de igual envergadura, com a mesma densidade, certamente virão. Será ainda um espaço para a integração com outros Programas de Mestrado e Doutorado e a finalidade maior é a difusão de idéias.

Para nós, que na GZ publicamos alguns de nossos trabalhos e que na Universidade de Itaúna lecionamos, esta coleção é objeto de grande orgulho e um momento de profunda alegria.

Itaúna, outubro de 2015.

Luiz Manoel Gomes Júnior
(luizm@luizmconsultoria.com.br)

Luana Pedrosa de Figueiredo Cruz
(luanapedrosa@uol.com.br)
Coordenadores

Sobre a Autora

GRASIELLY DE OLIVEIRA SPÍNOLA CARDOSO – Mestre em Proteção dos Direitos Fundamentais e Bacharel em Direito pela Universidade de Itaúna (UIT). Professora Substituta do Departamento de Direito do Trabalho e Introdução ao Estudo do Direito da Universidade Federal de Minas Gerais. Professora Convidada da Pós-Graduação Latu Senso em Direito do Trabalho da Faculdade Pìtágoras (Unidade Divinópolis-MG), Professora Titular de Direito Constitucional da Faculdade Pitágoras (Unidade Betim-MG), Pesquisadora cadastrada junto ao CNPQ, palestrante e autora de artigos jurídicos. Advogada. Presidente da Comissão de Eventos da 34ª Subseção da OAB-MG.

Prefácio

É com grande prazer que apresento a dissertação de mestrado que inaugura a série de trabalhos acadêmicos que Luíz Manoel e Luana se propuseram a coordenar, honrando-me ao intitulá-la a meu nome. Tomo o galardão como homenagem a todos os professores de direito processual deste país, que souberam criar escolas que, apesar das diferenças, observam a mesma unidade de princípios, rigor científico, aderência ao direito material que o processo visa a assegurar, observância dos valores constitucionais, busca da efetividade do processo e preocupação com seus aspectos sociais e políticos, sem desprezar a técnica. E, particularmente, à escola de direito processual de São Paulo, nascida das lições de Enrico Tullio Liebman e que acabou espraiando-se por todo o país, tornando-se a escola brasileira de direito processual, respeitada internacionalmente.

E muito me compraz que o primeiro trabalho a ser publicado seja de orientada minha do Mestrado em Direito da Universidade de Itaúna, essa jovem Universidade que já se destaca entre as melhores do país e que me atraiu pela seriedade de propósitos e do corpo docente que idealizou o curso, induzindo-me a aceitar o convite formulado por outro grande colega, Gregório Assagra, que o idealizou e implantou. E eis que da primeira turma de mestrandos do curso por mim coordenado – Controle Jurisdicional de Políticas Públicas – surgiu uma aluna exemplar, estudiosa e criativa, consciente da importância de um título de Mestre e da carreira acadêmica, hoje já jovem e dedicada professora: Grasielly.

O tema escolhido é de grande relevância: o acesso à justiça ambiental na dimensão preventiva. A autora liga de maneira metodologicamente perfeita o direito fundamental ao ambiente e sua tutela processual. E busca a via processual adequada para tutelar o referido direito difuso.

Tenho dito, em meus últimos estudos, que a tutela jurisdicional adequada – ou seja, a tutela jurisdicional que efetivamente assegure a fruição dos bens previstos no ordenamento jurídico, sejam eles materiais ou imateriais – só se pode dar por intermédio do procedimento adequado. E o trabalho vai exatamente nesse sentido, apontando a via coletiva inibitória, acompanhada – sempre que possível – pela antecipação de tutela, para impedir a prática, a repetição ou a continuação do ilícito ambiental.

Para chegar a essa conclusão, a Autora percorre um caminho longo, mas agradavelmente sintético. Do exame dos processos coletivos, como via para a tutela adequada dos direitos fundamentais, ao meio ambiente sustentável, examinado no plano constitucional e legal; do princípio geral de prevenção à atuação no sentido de evitar o dano ao invés de repará-lo; daí a preferência da tutela inibitória sobre a condenatória, sobretudo em matéria ambiental; a distinção entre ilícito e dano; a tutela inibitória e suas diversas espécies; a impropriedade da confusão entre as ações inibitórias e as chamadas tutelas cautelares satisfativas; a antecipação de tutela como instrumento a ser utilizado, com as devidas cautelas, na tutela inibitória. E, ainda, as vantagens da utilização dos meios consensuais, como o TAC, na tutela ambiental, com a correlata necessidade de segurança jurídica que deve acompanhar o compromisso.

Tudo isto, passando pela melhor doutrina, é exposto sem rodeios e com maestria, numa linguagem correta e amena, que torna a leitura fácil e agradável.

Um livro de estreia surpreendente e sedutor, que deixa prever uma carreira científica das melhores. Um livro destinado ao mesmo tempo ao estudioso e ao estudante, pois é ao mesmo tempo acessível e rigoroso. Um livro que honra sua autora, os coordenadores da coleção e esta orientadora.

Finalmente, uma última observação: as referências à legislação são atinentes ao CPC de 1974. Mas como se trata de institutos que foram mantidos pelo Código de 2015, será muito fácil fazer a transposição da atual para a nova legislação. Muitos livros já foram publicados, mostrando essa correspondência, e a imformática está aí também para isto.

Ada Pellegrini Grinover

Sumário

Agradecimentos VII
Apresentação XI
Sobre a autora XIII
Prefácio XV

1. INTRODUÇÃO 1

2. DO SISTEMA COLETIVO BRASILEIRO 5
2.1. Considerações históricas e filosóficas acerca do surgimento da tutela coletiva 5
2.2. Surgimento do sistema coletivo no ordenamento jurídico brasileiro .. 8
2.3. Características dos direitos transindividuais 11
2.4. Dos direitos transindividuais como direitos fundamentais 12
2.5. Classificação dos direitos tutelados coletivamente 13
2.5.1. Dos direitos difusos 14
2.5.2. Dos direitos coletivos *stricto sensu* 15
2.5.3. Dos direitos individuais homogêneos 17

3. DA TUTELA DO MEIO AMBIENTE 19
3.1. A tutela do meio ambiente no Brasil 19
3.2. A mudança de paradigma a partir da Constituição Federal de 1988 .. 21
3.3. A noção de sustentabilidade inserida na Constituição Federal de 1988 22
3.4. O direito fundamental ao meio ambiente sustentável 24
3.5. Do conceito agregador de desenvolvimento sustentável 24
3.6. O objeto da tutela jurídica do meio ambiente 26
3.7. Dos direitos difusos relacionados ao meio ambiente 27
3.8. Da via adequada para tutelar direitos difusos concernentes ao meio ambiente 28

4. DA TUTELA JURISDICIONAL 31
4.1. Da tutela reparatória 31

4.2. Da tutela inibitória 32
4.2.1. Dos fundamentos da tutela inibitória 34
4.2.2. A tutela inibitória negativa e tutela inibitória positiva 37
4.2.3. Os três tipos de tutela inibitória: para evitar a continuação do ilícito, para evitar a repetição do ilícito e para remoção do ilícito 38
4.3. A relevância da diferenciação entre ato ilícito e evento danoso para a tutela inibitória 42
4.4. A tutela inibitória no plano coletivo 43
4.4.1. A utilização da tutela inibitória coletiva nas ações relacionadas ao meio ambiente sustentável 45
4.4.2. O princípio geral de prevenção como fundamento da tutela inibitória e da tutela inibitória coletiva ambiental 46
4.4.3. A tutela inibitória coletiva e a imposição de multa coercitiva 49
4.5. Da diferenciação entre tutela inibitória e tutela cautelar 51
4.5.1. Da tutela inibitória com tutela antecipada 53
4.6. Do juízo de ponderação na concessão da tutela inibitória 58

5. DO ACESSO À JUSTIÇA AMBIENTAL PELO PARADIGMA DA PREVENÇÃO 63
5.1. Acesso à Justiça como método de pensamento 63
5.2. O reconhecimento e valorização do caráter inter e multidisciplinar do meio ambiente como desdobramento do projeto constitucional 66
5.3. A tutela inibitória como forma de acesso à justiça ambiental 67
5.4. A tutela antecipada como instrumento facilitador do acesso à justiça ambiental 69
5.5. A preferência pela tutela inibitória ambiental 71
5.6. A dignidade humana coletiva sob a ótica preventiva 72
5.7. A proteção do meio ambiente e os meios conciliativos de resolução de conflitos 74
5.7.1. A justiça conciliativa, seus fundamentos e o panorama brasileiro atual 75
5.7.2. O termo de ajustamento de conduta como forma de resolução extrajudicial de conflitos ambientais 78

6. CONCLUSÃO 83

REFERÊNCIAS 93

1

INTRODUÇÃO

Nas últimas décadas do século passado a questão ambiental assumiu um papel de destaque nas discussões internacionais e o meio ambiente firmou-se como patrimônio da humanidade. É consensual o interesse na busca de reparação para os danos ambientais já consubstanciados e, principalmente, a adoção de uma postura preventiva que vise a evitar a ocorrência de novos prejuízos.

Ao mesmo tempo em que crescem as preocupações com o futuro do planeta e com a utilização racional dos recursos naturais, leis ambientais são diuturnamente desrespeitadas e, na maioria das vezes, não é possível reparar integralmente os danos causados.

Neste contexto, a utilização da Tutela Inibitória surge como forma adequada e efetiva de tutela jurisdicional para proteção do direito fundamental ao meio ambiente ecologicamente sustentável, uma vez que resguarda-o inclusive contra eventual violação.

A justificativa para o estudo centra-se no fato de que, se o nosso ordenamento jurídico só for capaz de resguardar um direito após a sua violação, esvazia-se de sentido a razão de existência do próprio Direito, principalmente quando se trata de matéria ambiental, por ser um direito fundamental de todos e dever do Estado.

Neste contexto é que se materializa o problema levantado: Em quais casos se justifica a utilização da tutela inibitória coletiva para salvaguardar o meio ambiente ecologicamente sustentável? Por via reflexa, também se investigará: Quais as vantagens jurídicas e sociais (para as presentes e futuras gerações) da utilização da tutela inibitória ambiental?

A hipótese inicialmente trabalhada é que, considerando o Princípio Geral de Prevenção que resguarda a inviolabilidade de um direito ante a simples ameaça à lesão, afirma-se que a tutela inibitória deve ser aplicada prioritariamente em ações que visem à proteção do meio ambiente sustentável.

O objetivo geral deste estudo é promover uma reflexão sobre a tutela inibitória ambiental, verificar e demonstrar em quais casos se justifica sua utilização em termos de adequação, efetividade e eficiência, quando comparada com a tutela reparatória.

A pesquisa assumirá caráter pluridisciplinar e multidisciplinar, pois irá inter-relacionar de forma articulada e coerente, as várias áreas do Direito, como o Direito Constitucional, o Direito Civil, o Direito Processual Coletivo e o Direito Ambiental, e todos estes ramos com a Biologia, Engenharia Ambiental, Administração e Economia.

As técnicas de estudo utilizadas compreenderão tanto as teórico-conceituais, com análise bibliográfica, levantamento de dados e documentos, com objetivo exploratório.

Os dados primários utilizados serão a Constituição Federal, Código de Processo Civil, Lei da Ação Civil Pública, Código de Defesa do Consumidor, legislação civil, processual e ambiental, Tratados e Convenções Internacionais, dentre outras, além de conceitos e técnicas da Biologia, Engenharia Ambiental, Administração e Economia. Também serão utilizados dados secundários, como estudos da literatura especializada, análise de artigos, periódicos e decisões judiciais relevantes sobre o tema, para enriquecimento da exposição temática.

Metodologicamente, a pesquisa é dividida em cinco capítulos, sendo que o primeiro é apenas introdutório.

O segundo capítulo irá excursionar, primeiramente, pelo sistema coletivo brasileiro, seu contexto histórico e filosófico, suas características e a classificação dos direitos coletivamente tutelados.

No capítulo seguinte, procurou-se abordar a tutela do meio ambiente no Brasil, com a evolução da legislação federal e a mudança de paradigma após a Constituição Federal de 1988, que separou um capítulo específico para o meio ambiente e o elevou à condição de direito fundamental. Além disso, abordar-se-á o tratamento difuso do meio ambiente e a via judicial adequada para tutelá-lo, que é a coletiva.

O quarto capítulo é destinado à tutela inibitória propriamente dita. Procura-se analisar de forma comparativa a tutela jurisdicional reparatória e a inibitória, com aferição das vantagens do segundo procedimento em questões ambientais. No tocante à tutela inibitória serão apresentados seus fundamentos, suas formas de prestação (positiva e negativa), os três tipos de utilização (para evitar a continuação do ilícito, para evitar a repetição do ilícito e para remoção do ilícito) e a relevância da diferenciação entre ilícito e dano para compreensão do instituto. Será investigada ainda a existência de um Princípio Geral de Prevenção no ordenamento jurídico brasileiro, que constitui o marco teórico da pesquisa.

Também neste capítulo debruça-se sobre a diferenciação entre Tutela Inibitória e Tutela Cautelar, a possibilidade de Tutela Inibitória Antecipada, a finalidade da imposição de multas, o dever de reparação dos danos causados e a necessidade do juízo de ponderação na concessão da inibitória.

O quinto e último capítulo versa sobre a questão do acesso à Justiça ambiental pelo paradigma da prevenção, com enfoque para o acesso à Justiça como método de pensamento. Pretende-se demonstrar ainda a evolução do conceito de dignidade humana para o enfoque coletivo e a utilização da tutela inibitória antecipada como desdobramento do projeto constitucional e busca pela materialização da transformação social. Ainda neste capítulo, será abordado, de forma breve, o Termo de Ajustamento de Conduta como meio de solução extrajudicial de conflitos ambientais.

Sem a pretensão de esgotar o tema, devido à sua extensão e complexidade, procura-se fomentar a reflexão jurídica sobre a tutela inibitória ambiental, na expectativa de ampliar a sua utilização, com vistas à garantia deste direito fundamental de primeira grandeza.

2

Do sistema coletivo brasileiro

2.1. Considerações históricas e filosóficas acerca do surgimento da tutela coletiva

Enquanto ciência dinâmica, o Direito busca acompanhar as mudanças sociais contínuas, incorporando as influências políticas, econômicas, históricas, culturais e tecnológicas. Para tanto, precisa evoluir de forma permeável, capaz de absorver as mutações típicas da complexidade social.

Um fato que operou mudanças jurídicas paradigmáticas, sem dúvida, foi a Revolução Francesa de 1789. Este marco histórico simbolizou o rompimento do Estado Absolutista, cujo poder se concentrava apenas na figura do monarca, para estabelecer novos parâmetros sociais e garantir liberdades negativas clássicas, como, por exemplo, o direito à vida, à propriedade, à liberdade política e religiosa, entre outras. Em um primeiro momento, o cidadão, enquanto indivíduo isolado, conquistou direitos civis e políticos em face do Estado, que de Absolutista passou a ser Liberal.[1]

No campo econômico, esta alteração da ordem política significou verdadeiro triunfo burguês, já que, sob o lema de "*liberdade, igualdade e fraternidade*" a nova classe em ascensão impôs ao governo um dever de abstenção, para que não interferisse nas relações particulares, especialmente as comerciais.

Entretanto, cerca de um século depois, os referidos direitos individuais não se fizeram suficientes para atender aos anseios da coletividade, devido às mudanças proporcionadas pela franca expansão da Revolução Industrial. As péssimas condições de trabalho, a exploração

1 BONAVIDES, Paulo. *Do estado liberal ao estado social.* São Paulo: Malheiros, 2004, p. 78

desumana da força de trabalho, a proliferação de doenças, a falta de estruturas mínimas de higiene e saúde culminaram na luta pelo reconhecimento de uma segunda dimensão[2] de direitos: os direitos sociais.[3]

Diferentemente de outrora, não se tratava apenas de limitar o poder estatal, mas de impor-lhe prestações positivas em favor do proletariado, que surgia como nova classe social, fortemente inspirada pelas teorias socialistas. A visão individualista deu lugar a uma noção de integração social e o ideal de igualdade formal foi substituído por uma busca pela igualdade substancial.[4]

Dentre as atuações positivas do Estado para garantir os direitos sociais estão incluídas a criação de leis que regulamentam as relações de trabalho (jornada de trabalho, salário-mínimo, proibição do trabalho infantil, descanso remunerado etc.) bem como a criação de políticas públicas relacionadas à saúde e à educação gratuitas, moradia, saneamento básico e prestação de serviços públicos essenciais.

Em razão do alcance social, esse novo modelo gerou uma grande transformação da ordem jurídica no que diz respeito à titularidade dos direitos reconhecidos.[5]

Algumas décadas depois, o fracasso do chamado *Estado de Bem-Estar Social* aliado a catástrofes mundiais sucessivas (ascensão de regimes totalitaristas, a Segunda Grande Guerra, genocídios e a deflagração de armas de destruição em massa) acentuou as formas de tutela da coletividade e inauguraram uma nova ordem, caracterizada pela

2 O termo "dimensões" vem sendo utilizado com mais frequência pela moderna literatura especializada. Entende-se que o reconhecimento progressivo de novos direitos fundamentais tem caráter cumulativo, de forma que o uso da expressão "gerações" pode ensejar falsa impressão da substituição gradativa de uma geração por outra, posição também adotada no presente trabalho. Sobre o tema, *vide*: SARLET, Ingo Wolfgang. *A eficácia dos direitos fundamentais*: uma teoria geral dos direitos fundamentais na perspectiva constitucional. 10ª ed. Porto Alegre: Livraria do Advogado, 2011, p. 45.

3 ALMEIDA, Gregório Assagra de. *Direito material coletivo*: superação da summa divisio direito público e direito privado por uma nova summa divisio constitucionalizada. Belo Horizonte: Del Rey, 2008, pp. 294-298.

4 BONAVIDES, Paulo. *Do estado liberal ao estado social*. São Paulo: Malheiros, 2004, p. 97.

5 MANCUSO, Rodolfo de Camargo. *Interesses difusos*: conceito e legitimação para agir. 5ª ed. São Paulo: Revista dos Tribunais, 2001, p. 35.

preocupação com a paz mundial e o respeito à Dignidade Humana, não só em seu aspecto individual, mas também e principalmente no plano coletivo.

Desta forma, surgiram os chamados direitos de Terceira Dimensão, que correspondem àqueles direitos relacionados à fraternidade e à solidariedade, de cunho essencialmente transindividual. Esses direitos relacionam-se, dentre outros, ao meio ambiente equilibrado e sustentável, ao patrimônio artístico e cultural, ao progresso e à paz mundial. Sobre o tema, a lição de Carlos Ayres Brito:

> Efetivamente, se consideramos a evolução histórica do Constitucionalismo, podemos facilmente ajuizar que ele foi liberal, inicialmente, e depois social. Chegando nos dias presentes à etapa fraternal, esta fase em que as constituições incorporam às franquias liberais e sociais de cada povo soberano a dimensão da Fraternidade; isto é, a dimensão das ações estatais afirmativas, que são atividades assecuratórias da abertura de oportunidades para os segmentos sociais historicamente desfavorecidos, como, por exemplo, os negros, os deficientes físicos e as mulheres (para além, portanto, da mera proibição de preconceitos). De par com isso, o constitucionalismo fraternal alcança a dimensão da luta pela afirmação do valor do Desenvolvimento, do Meio Ambiente ecologicamente equilibrado, da Democracia e até de certos aspectos do urbanismo como direitos fundamentais. Tudo na perspectiva de se fazer a interação de uma verdadeira comunidade; isto é, uma comunhão pela consciência de que, estando todos em um mesmo barco, não têm como escapar da mesma sorte ou destino histórico.[6]

Paulo Bonavides reconhece ainda a existência de uma quarta dimensão de direitos que estariam ligados à democracia, à informação e ao pluralismo.[7] Entretanto, em que pese o brilhantismo do referido autor, entende-se que os citados direitos, na verdade, estariam contidos nos direitos de terceira dimensão, uma vez que ligados à noção de fraternidade e, consequentemente, de coletividade.

---

6 BRITTO, Carlos Ayres. *Teoria da constituição.* 1ª ed. Rio de Janeiro: Forense, 2003, p. 216.

7 BONAVIDES, Paulo. *Curso de direito constitucional.* 24ª ed. São Paulo: Malheiros, 2009, p. 571.

2.2. Surgimento do sistema coletivo no ordenamento jurídico brasileiro

Em razão de a forte herança liberal e de toda a ótica processualista brasileira ter se estruturado a partir de uma noção individual de solução de litígios, a previsão de ações coletivas no Brasil é recente.

A gênese da tutela jurisdicional coletiva brasileira teve sua definição na instituição da Ação Popular, que foi primeiramente prevista no texto constitucional de 1934, no inciso XXXVIII do art. 113.[8] A mencionada norma conferia a qualquer cidadão o direito de pleitear a nulidade ou anulação de atos lesivos ao patrimônio da União, dos Estados ou dos Municípios, mas tal garantia não sobreviveu ao Estado Novo, sendo suprimida pela Carta de 1937.

No interregno entre a Carta do Estado Novo e a Constituição de 1946 foi editado um novo ordenamento processual civil unificado, que trazia em seu artigo 670, a possibilidade de ajuizamento de ação pelo Ministério Público ou por qualquer do povo, com o escopo de dissolver associação civil com personalidade jurídica que promovesse atividade ilícita ou imoral, reavivando aquela espécie de ação prevista anteriormente em 1934, tida pela doutrina de então como "popular".[9]

Finalmente, o remédio renasceu no âmbito constitucional na Constituição de 1946, em seu art. 141, XXXVIII, e em 1965 foi editada a Lei nº 4.717, que regulamentou a Ação Popular, ainda hoje em vigor. Até então, este era o único meio ordinariamente estabelecido para tutela de interesses coletivos no Brasil.

Mais adiante, em 1981, entrou em vigor a Lei nº 6.938, que dispôs sobre a Política Nacional do Meio Ambiente e estabeleceu de forma pioneira a legitimação do Ministério Público para propositura de ação de responsabilidade civil pelos danos causados ao meio ambiente.

A Lei nº 7.347/85 que dispõe sobre a Ação Civil Pública, foi a primeira a tratar efetivamente do tema, inaugurando uma nova fase do processo civil, no qual o instrumento passa a ser concebido também como apto para tutelar interesses coletivamente considerados.

---

8 MANCUSO, Rodolfo de Camargo. *Ação popular* – proteção do erário público, do patrimônio cultural e natural e do meio ambiente. São Paulo: Revista dos Tribunais, 1994, p. 37.

9 LEONEL, Ricardo de Barros. *Manual do processo coletivo*. São Paulo: Revista dos Tribunais, 2002, p. 53.

Importante destacar que a Lei da Ação Civil Pública ampliou as hipóteses de cabimento de demandas relacionadas à tutela dos direitos difusos e coletivos, possibilitando sua utilização não somente para a proteção do patrimônio público como também para a proteção do meio ambiente, dos consumidores, bens e direitos de valor artístico, estético, histórico, turístico, bem como qualquer interesse difuso ou coletivo – motivo pelo qual se pode afirmar que somente a partir de sua criação houve uma proteção efetiva dos direitos coletivos em sentido lato.[10]

Em 1988, a Constituição Federal assume papel fundamental na tutela dos direitos concernentes à coletividade, uma vez que ao lado do reconhecimento do próprio direito material – na medida em que foram positivados ao longo do texto, direitos e interesses de cunho coletivo (meio ambiente, patrimônio público, previdência social, cultura, educação, saúde, dentre outros), o direito processual também foi implementado.[11] Em suma, "*a Constituição de 1988 veio universalizar a proteção coletiva dos interesses ou direitos transindividuais sem qualquer limitação em relação ao objeto do processo*".[12]

A ação popular teve ampliado seu objeto e fundamento na medida em que o art. 5º, LXXIII, passou a determinar que qualquer cidadão pode ajuizá-la com o fim de anular ato lesivo ao patrimônio público ou de entidade de que o Estado participe, à moralidade administrativa, ao meio ambiente e ao patrimônio histórico e cultural.[13]

A Ação Civil Pública também recebeu tratamento constitucional expresso, pois o art. 129, III, conferiu ao Ministério Público a incumbência de promover "*inquérito civil e ação civil pública, para a proteção do patrimônio público e social, do meio ambiente e de outros interesses difusos e coletivos*".

---

10 A Lei da Ação Civil Pública foi seguida pela Lei nº 7.853/89, que disciplina especificamente a tutela dos direitos e interesses coletivos e difusos de pessoas portadoras de deficiência, e pela Lei nº 7.913/89, que prevê a ação civil pública de responsabilidade por danos a investidores do mercado de valores mobiliários.

11 LEONEL, Ricardo de Bastos. *Manual do processo coletivo*. São Paulo: Revista dos Tribunais, 2002, p. 54.

12 GRINOVER, Ada Pellegrini. Direito processual coletivo. In: *Direito processual coletivo e o anteprojeto de código brasileiro de processos coletivos*. GRINOVER, Ada Pellegrini; MENDES, Aluísio Gonçalves de Castro; WATANABE, Kazuo (Coords.). São Paulo: Revista dos Tribunais, 2007, p. 11.

13 SILVA, José Afonso da. *Comentário contextual à Constituição*. 6ª ed. São Paulo: Malheiros, 2009, p. 158.

A preocupação do legislador com a tutela coletiva foi além do texto constitucional e em seguida vieram a lume a Lei nº 7.853/89, que tratou da defesa dos investidores do mercado de valores mobiliários; a Lei nº 8.069/90 (Estatuto da Criança e do Adolescente), que possibilitou a utilização da Ação Civil Pública para tutelar direitos deste grupo vulnerável e, no mesmo ano, o Código de Defesa do Consumidor, Lei nº 8.078/90, que alterou diversos dispositivos da Lei da Ação Civil Pública e também regulamentou no ordenamento pátrio a ação coletiva em defesa de direitos e interesses individuais homogêneos, consolidando verdadeiro microssistema de processos coletivos.

Em seguida foram editadas a Lei de Improbidade Administrativa (Lei nº 8.429/92), que criou mecanismos para a repressão e combate aos atos ilícitos praticados por funcionários públicos no exercício de suas funções, a Lei Antitruste (Lei nº 8.884/94), que dispõe sobre a prevenção e a repressão de infrações econômicas, e a Lei nº 8.974/95, que estabelece normas de proteção à vida e à saúde do homem, dos animais, das plantas, bem como do meio ambiente.

Por fim, o Estatuto do Idoso (Lei nº 10.741/2003) criou uma série de normas protetivas às pessoas maiores de sessenta anos, bem como regulamentou o uso da Ação Civil Pública para a defesa dos interesses desses indivíduos.

Em que pesem os avanços proporcionados pela incorporação paulatina de leis extravagantes relacionadas à tutela coletiva, tais instrumentos ainda se encontram em fase de acomodação em nosso ordenamento jurídico, suscitando, por isso mesmo, muitas controvérsias interpretativas e decisões conflitantes. Neste liame, é oportuno ressaltar a importância do Anteprojeto de Código Brasileiro de Processos Coletivos, do qual derivou o Projeto de Lei nº 5.139/2009 sobre a Ação Civil Pública.[14] No entanto, o referido projeto foi rejeitado pela

---

14 O Ministério da Justiça instituiu pela Portaria nº 2.481/2008, uma Comissão Especial com a finalidade de apresentar uma proposta de readequação e modernização da tutela coletiva, com a seguinte composição: Rogério Favreto, Secretário de Reforma do Poder Judiciário, que a presidiu, Luiz Manoel Gomes Junior, encarregado da relatoria, Ada Pellegrini Grinover, Alexandre Lipp João, Aluisio Gonçalves de Castro Mendes, André da Silva Ordacgy, Anizio Pires Gavião Filho, Antonio Augusto de Aras, Antonio Carlos Oliveira Gidi, Athos Gusmão Carneiro, Consuelo Yatsuda Moromizato Yoshida, Elton Venturi, Fernando da Fonseca Gajardoni, Gregório Assagra de Almeida, Haman de

Comissão de Constituição e Justiça da Câmara dos Deputados, sepultando, pelo menos por enquanto, a possibilidade de se aprovar uma lei geral sobre ações coletivas.[15] Atualmente, existe o Projeto de Lei nº 282/2012, em tramitação no Senado, sobre atualização das ações coletivas.[16]

O processo coletivo possui, inegavelmente, um lugar destacado no processo civil brasileiro, constituindo-se como um novo ramo do Direito Processual, o *Direito Processual Coletivo*, com princípios, institutos e fundamentos específicos, que são alcançados mediante mecanismos próprios.[17]

2.3. Características dos direitos transindividuais

Os direitos transindividuais, também chamados de metaindividuais ou *coletivos em sentido lato*, são aqueles indivisíveis por natureza, que não possuem titularidade determinada, porque não pertencem a indivíduos isolados, mas a um grupo, categoria ou classe de pessoas. Ao contrário dos direitos individuais, os transindividuais não podem ser satisfeitos ou lesados senão de forma que afete igualmente todos os possíveis titulares.[18]

Os valores transindividuais são aqueles cuja dimensão transcende a esfera puramente individual, pois não se concentram num titular

---

Moraes e Córdova, João Ricardo dos Santos Costa, José Adonis Callou de Araújo Sá, José Augusto Garcia de Souza, Luiz Philippe Vieira de Mello Filho, Luiz Rodrigues Wambier, Petrônio Calmon Filho, Ricardo de Barros Leonel, Ricardo Pippi Schmidt e Sérgio Cruz Arenhart.

15 Luiz Manoel Gomes Junior e Rogério Favreto analisaram os principais aspectos relacionados ao PL 5.139/2009. De acordo com os mencionados autores, a nova Lei de Ação Civil Pública passaria a viger como uma lei geral de ações coletivas, verdadeiro sistema a orientar a tutela dessa gama metaindividual de direitos e interesses (GOMES JUNIOR, Luiz Manoel; FAVRETO, Rogério. **A nova lei da ação civil pública e do sistema único de ações coletivas brasileiras – projeto de lei nº 5.139/2009.** *Revista Magister de Direito Empresarial, Concorrencial e do Consumidor*. Porto Alegre: Magister, ano V, n. 27, jun./jul. 2009, pp. 5-21).

16 A matéria da PLS 282/2012 encontra-se com a relatoria do Senado. Disponível em: <http://www.senado.gov.br/atividade/materia/detalhes.asp?p_cod_mate=106771>. Acesso em: 21 nov. 2013.

17 ALMEIDA, Gregório Assagra de. *Direito processual coletivo:* um novo ramo do direito processual. São Paulo: Saraiva, 2003.

18 DIDIER JR., Fredie; ZANETI JR., Hermes. *Curso de direito processual civil:* processo coletivo. Bahia: JusPodivm, 2007, p. 85.

único. Deles, ninguém é titular exclusivo. São interesses que concernem, ao mesmo tempo, a todos e a cada um, enquanto membros integrantes de uma coletividade. Trata-se dos direitos ou interesses difusos ou coletivos *stricto sensu*.[19]

Ao lado destes, o sistema permite o tratamento coletivo de direitos subjetivos de natureza individual, que são considerados acidentalmente coletivos.

2.4. Dos direitos transindividuais como direitos fundamentais

Analisando a sistemática constitucional brasileira, verifica-se que os direitos transindividuais foram elevados à categoria de direitos fundamentais pelo constituinte de 1988, uma vez que foram consagrados, expressamente, diversos direitos de natureza transindividual, como o direito ao meio ambiente ecologicamente equilibrado (art. 225), à preservação da probidade administrativa (art. 37, § 4º) e à proteção do consumidor (art. 5º, XXXII).[20]

Além disso, nosso texto elevou à estatura constitucional os instrumentos para a tutela processual desses novos direitos ao alargar o âmbito da Ação Popular, que passou a ter como objeto um significativo rol de direitos transindividuais: moralidade administrativa, meio ambiente e patrimônio histórico e cultural (art. 5º, LXXIII), além da previsão expressa da Ação Civil Pública.

Desta forma, os direitos transindividuais, enquanto direitos fundamentais de terceira dimensão, não comportam rol exaustivo. Em razão de novas exigências impostas pela sociedade moderna e pós-industrial, a cada momento evidenciam-se novos valores e referenciais, cuja tutela se revela necessária e inafastável.[21]

Por este motivo, os interesses transindividuais são inominados e devem ser interpretados de forma aberta, ampliativa e permeável, embora haja alguns mais evidentes, como, por exemplo, o direito à

---

19 VIGLIAR, José Marcelo Menezes. *Ações coletivas*. Bahia: JusPodivm, 2007, p. 31.

20 VENTURI, Elton. *Processo civil coletivo*: a tutela jurisdicional dos direitos difusos, coletivos e individuais homogêneos no Brasil. Perspectivas de um código brasileiro de processos coletivos. São Paulo: Malheiros, 2007, p. 29.

21 SARLET, Ingo Wolfgang. *Dignidade da pessoa humana e direitos fundamentais na Constituição Federal de 1988*. Porto Alegre: Livraria do Advogado, 2001, p. 51.

saúde, à educação, um meio ambiente sustentável, o direito ao aproveitamento racional dos recursos naturais, o direito à conservação da natureza, o direito à publicidade comercial honesta, o direito à utilização adequada do solo urbano e rural e o direito à intangibilidade do patrimônio cultural do Estado.[22]

2.5. Classificação dos direitos tutelados coletivamente

Os direitos inerentes ao processo coletivo dividem-se, inicialmente, em dois grandes grupos: os *essencialmente coletivos* e os *acidentalmente coletivos* (direitos individuais tratados coletivamente).[23]

Dentro dos direitos *essencialmente coletivos* estão incluídos os direitos *difusos e coletivos stricto sensu*, ao passo que os direitos *individuais homogêneos* seriam, apenas, *acidentalmente coletivos*. Esquematicamente, tais direitos ficariam assim distribuídos:

<table>
<tr><td rowspan="3">DIREITOS TRANSINDIVIDUAIS</td><td rowspan="2">Essencialmente Coletivos</td><td>Difusos</td></tr>
<tr><td>Coletivos stricto sensu</td></tr>
<tr><td>Acidentalmente Coletivos</td><td>Individuais Homogêneos</td></tr>
</table>

Em verdade, os direitos *individuais homogêneos* são, como o próprio nome indica, direitos individuais, que apenas acidentalmente podem ser tratados de forma coletiva para fins de tutela. A doutrina de Teori Albino Zavascki bem sedimentou esta distinção. Veja-se:

> Compõem o universo de atuação do processo coletivo dois grandes domínios: o dos direitos coletivos *lato sensu* e o dos direitos individuais homogêneos. Direitos coletivos são direitos subjetivamente *transindividuais* (= sem titular determinado, razão pela qual são tutelados em juízo invariavelmente pelo regime da substituição processual) e materialmente *indivisíveis* (= são

22 Nesse sentido e mencionando tais exemplos foi o voto do Ministro Celso de Mello. In: STF, Tribunal Pleno, RE 163.231-3/SP, Rel. Min. Maurício Corrêa, DJ 26.02.1997.

23 MOREIRA, José Carlos Barbosa. *Tutela jurisdicional dos interesses coletivos ou difusos*. In: *Temas de direito processual*. 3. série, São Paulo: Saraiva, 1984, p. 193.

> lesados ou satisfeitos necessariamente em sua globalidade, o que determina tutela jurisdicional também de forma conjunta e universalizada). Já os direitos individuais homogêneos são, simplesmente, direitos subjetivos individuais (= com titular determinado) e, portanto, materialmente *divisíveis* (= podem ser lesados ou satisfeitos por unidades isoladas), o que propicia a sua tutela jurisdicional tanto de modo coletivo (por regime de substituição processual) como individual (por regime de representação).[24]

Os direitos difusos, coletivos *stricto sensu* e individuais homogêneos possuem definição prevista de forma expressa no art. 81 do Código de Defesa do Consumidor.[25] Entretanto, em que pese a previsão legal, necessário valer-se da análise científica contextualizada para melhor compreensão dos conceitos e sua aplicabilidade, como a seguir se demonstrará.

2.5.1. Dos direitos difusos

Para compreensão do conceito de direitos difusos, a literatura especializada elegeu, no campo subjetivo, os aspectos da *indeterminação do sujeito* e da *inexistência de relação jurídica base* e, no campo objetivo, o critério da *indivisibilidade do bem jurídico tutelado*.[26]

Analisando os critérios doutrinários acima nota-se que é justamente a indivisibilidade do objeto e a inexistência de uma relação jurídica base que implicam a indeterminação do sujeito titular deste direito.

---

24 ZAVASCKI, Teori Albino. Reforma do processo coletivo: indispensabilidade de disciplina diferenciada para direitos individuais homogêneos e para direitos transindividuais. In: *Direito processual coletivo e o anteprojeto de código brasileiro de processos coletivos*. GRINOVER, Ada Pellegrini; MENDES, Aluisio Gonçalves de Castro; WATANEBE, Kazuo (Coords.). São Paulo: Revista dos Tribunais, 2007, p. 34.

25 "Art. 81. *A defesa dos interesses e direitos dos consumidores e das vítimas poderá ser exercida em juízo individualmente, ou a título coletivo.*
Parágrafo único. A defesa coletiva será exercida quando se tratar de:
I – interesses ou direitos difusos, assim entendidos, para efeitos deste Código, os transindividuais, de natureza indivisível, de que sejam titulares pessoas indeterminadas e ligadas por circunstâncias de fato;
II – interesses ou direitos coletivos, assim entendidos, para efeitos deste Código, os transindividuais de natureza indivisível de que seja titular grupo, categoria ou classe de pessoas ligadas entre si ou com a parte contrária por uma relação jurídica base;
III – interesses ou direitos individuais homogêneos, assim entendidos os decorrentes de origem comum."

26 BESSA, Leonardo. Dano moral coletivo. *Revista de Direito do Consumidor*, São Paulo, Revista dos Tribunais, nº 59, p. 79, jul./set. 2006.

Em outras palavras, uma lesão a direitos difusos, como a poluição de um rio, por exemplo, atinge igualmente um número indeterminado de pessoas que dele se utilizam, sendo impossível fracionar a lesão e identificar com precisão cada um dos atingidos, uma vez que não existe qualquer vínculo jurídico entre eles.

José Carlos Barbosa Moreira afirma que os direitos difusos "*não pertencem a uma pessoa isolada nem a um grupo nitidamente delimitado de pessoas*", sendo que entre os seus titulares não existe qualquer ligação através de vínculo jurídico definido.[27]

Os direitos difusos, portanto, são aqueles transindividuais, que pertencem a todos e a cada um simultaneamente, indivisíveis por sua natureza, cujos titulares indeterminados, embora não possuam uma relação jurídica base, se ligam por uma situação de fato. Quando concebidos e analisados de forma adequada, constituem importante meio de proteção da coletividade e de grupos sociais marginalizados como, por exemplo, os idosos, os indígenas, os negros, os portadores de necessidades especiais etc.

2.5.2. Dos direitos coletivos

Primeiramente, faz-se necessária uma distinção terminológica. A expressão *direitos coletivos* é comumente utilizada para designar *direitos transindividuais*, ou seja, aqueles que excedem a esfera individual para pertencer a uma coletividade. Entretanto, estes últimos são o gênero, enquanto aqueles constituem uma das espécies. Em função desta diferenciação, parte da doutrina refere-se aos direitos transindividuais, em geral, como *direitos coletivos* e aos direitos a que fazemos referência agora como *direitos coletivos em sentido estrito*.[28]

Para fins didáticos e com intuito de evitar confusões com a nomenclatura, adota-se no presente trabalho a terminologia *direitos transindividuais* para se referir ao gênero e, *direitos coletivos* para a espécie.

27 MOREIRA, José Carlos Barbosa. A proteção jurídica dos interesses coletivos. In: *Temas de direito processual*. 3ª Série, São Paulo: Saraiva, 1984, p. 184.

28 Esta terminologia também foi adotada pela CF/88 em seu título II, bem como pelo Código de Defesa do Consumidor.

O conceito legal trazido no art. 81, II, do CDC, refere-se aos direitos coletivos apenas como "*transindividuais de natureza indivisível de que seja titular grupo, categoria ou classe de pessoas ligadas entre si ou com a parte contrária por uma relação jurídica base*".

Entretanto, em uma análise pormenorizada, é possível aferir que os interesses coletivos nasceram da ideia de associação, corporação e junção de interesses comuns. Desta maneira, os seus titulares, embora não sejam, em um primeiro momento, determinados, são passíveis de determinação, em razão da relação jurídica base que os une.[29]

Os direitos coletivos se assemelham aos difusos no que concerne à indivisibilidade do objeto, mas se diferenciam quanto à abrangência dos titulares. Enquanto os difusos "*supõem titulares indetermináveis, ligados por uma circunstância de fato, os coletivos dizem respeito a grupo, classe ou categoria de pessoas determinadas ou determináveis, ligadas por uma mesma relação jurídica base*"[30] entre si ou com a parte contrária. Sobre a diferenciação entre direitos coletivos e difusos, e ainda, esclarecendo a natureza da relação jurídica base naqueles, afirma Kazuo Watanabe:[31]

> [...] o traço que os diferencia dos interesses ou direitos "difusos" é a determinabilidade das pessoas titulares, seja por meio da relação jurídica base que as une (membro de uma associação de classe ou ainda acionistas de uma mesma sociedade), seja por meio do vínculo jurídico que as liga à parte contrária (contribuintes de um mesmo tributo, prestamistas de um mesmo sistema habitacional ou contratantes de um segurador com um mesmo tipo de seguro, estudantes de uma mesma escola etc.).

Como vimos, a existência de uma relação jurídica base pode ocorrer entre os titulares ou entre estes e a parte contrária, sendo, de qualquer forma, a principal característica dos direitos coletivos, responsável pela determinabilidade dos sujeitos, que necessita ser anterior à lesão em apreço.

---

29 Neste sentido: MEDINA, José Miguel Garcia; ARAÚJO, Fábio Caldas de; GAJARDONI, Fernando da Fonseca. *Procedimentos cautelares e especiais:* antecipação de tutela, jurisdição voluntária e ações coletivas e constitucionais. São Paulo: Revista dos Tribunais, 2009, p. 355.

30 OLIVEIRA, Marcelo Henrique Matos. Considerações sobre os direitos transindividuais. Disponível em: http://www.cognitiojuris.com/artigos/02/06.html. Acesso em 16 de Fev. 2014.

31 GRINOVER, Ada Pellegrini; WATANABE, Kazuo; NERY JÚNIOR, Nelson. *Código de defesa do consumidor comentado pelos autores do anteprojeto.* 10ª ed. Rio de Janeiro: GEN-Forense, 2011, p. 78.

São exemplos de tutela judicial de direitos coletivos as ações que versam sobre interesses ou direitos dos moradores de um condomínio, sócios de um clube desportivo, adquirentes de um consórcio, membros de um sindicato ou entidade de classe e de associações, dentre outros. Podemos citar ainda os exemplos em que a relação jurídica base se estabelece com a parte contrária: adquirentes de uma unidade residencial de um imóvel e alunos de uma mesma instituição educacional privada. Embora os condôminos e alunos não possuam uma relação jurídica base entre si, esta se estabelece com a parte contrária, de modo a caracterizar o interesse como coletivo.

2.5.3. Dos direitos individuais homogêneos

Como já mencionado, os direitos individuais homogêneos são direitos individuais que recebem tratamento coletivo para fins de tutela, em razão da *homogeneidade* e da *origem comum*.

Em relação à origem comum, é necessário que envolvam uma pluralidade de pessoas, atingidas de forma semelhante por um acontecimento comum, embora não se exija que esta lesão seja decorrente de um único fato nem que atinja simultaneamente a todos os sujeitos.[32]

Como bem observa Ada Pellegrini Grinover, a possibilidade de fracionamento do direito individual homogêneo e a determinação de cada um dos sujeitos lesados, pode acarretar interferências subjetivas, afastando e até mesmo eliminando a homogeneidade. Para exemplificar as interferências subjetivas mencionadas, a referida jurista cita o fato de que o consumo de um produto nocivo ou impróprio pode afetar de maneira diferente os diversos tipos de consumidores, levando-se em conta as condições pessoais de saúde de cada um ou ainda o uso inadequado do produto.[33]

---

32 Como exemplo de origem comum não simultânea, podemos citar os consumidores de um medicamento adulterado que foi comercializado por vários meses, em diversas cidades. O dano causado aos pacientes se operou de diferentes formas e em variadas porções de tempo e espaço, mas em razão de um mesmo acontecimento: a adulteração do medicamento.

33 GRINOVER, Ada Pellegrini; WATANABE, Kazuo; NERY JÚNIOR, Nelson. *Código de defesa do consumidor comentado pelos autores do anteprojeto*. 10ª ed. Rio de Janeiro: GEN-Forense, 2011, p. 76.

Como solução para estes casos, Ada Pellegrini Grinover aponta para a necessidade de se adotar, ainda que de forma adaptada à realidade brasileira, o critério utilizado nas *class actions* norte-americanas, de prevalência das questões comuns sobre as individuais, sob pena de se tratar de direitos individuais heterogêneos.

Diferentemente dos direitos difusos e coletivos, os direitos individuais homogêneos são divisíveis e seus titulares são perfeitamente identificáveis. Também não há necessidade de uma relação jurídica anterior ou vínculo entre os titulares ou com a parte contrária – a relação existente entre os titulares e a parte contrária decorre de uma origem comum que se relaciona diretamente com a lesão sofrida.

Quanto à *origem comum* esta pode ser próxima ou remota. Será próxima quando decorrer de um único fato que ao mesmo tempo atingiu todos os sujeitos (incêndio, desabamento, queda de um avião) e remota quando atuar de forma diferenciada para cada um dos atingidos (comercialização de produto impróprio para o consumo, publicidade enganosa).[34]

Os direitos individuais homogêneos receberam tratamento coletivo com o intuito de prestigiar o princípio da isonomia já que, ao resolver molecularmente as causas repetitivas, evita-se que sejam julgadas de forma contraditória em diferentes jurisdições.[35]

Além disso, foram concebidos de forma a prestigiar o acesso à Justiça e a celeridade. Com apenas uma decisão, o Judiciário é capaz de atender inúmeros jurisdicionados, de forma mais ágil e eficaz, como idealiza nosso projeto constitucional.

A compreensão desses conceitos introdutórios, bem como do sistema coletivo brasileiro, faz-se necessária para seguirmos adiante em nosso estudo sobre a tutela inibitória no plano coletivo como forma de assegurar o direito fundamental ao meio ambiente sustentável.

---

34 "Quanto mais remota for a causa, menos homogêneos são os direitos." GRINOVER, Ada Pellegrini; WATANABE, Kazuo; NERY JÚNIOR, Nelson. *Código de defesa do consumidor comentado pelos autores do anteprojeto*. 10ª ed. Rio de Janeiro: GEN-Forense, 2011, p. 76.

35 MENDES, Aluísio Gonçalves de Castro. *Ações coletivas no direito comparado e nacional*. São Paulo: Revista dos Tribunais, 2002, pp. 220-221.

3

DA TUTELA DO MEIO AMBIENTE

3.1. A tutela do meio ambiente no Brasil

Como bem asseverou José Afonso da Silva, o termo "ambiente" indica a esfera, círculo ou âmbito em que vivemos, daí por que se reconhecer que na expressão "meio ambiente" já existe, intrinsecamente, certa redundância.[1] Entretanto, este termo revela-se mais rico de sentido, uma vez que engloba, além dos elementos naturais e culturais, a inter-relação entre eles e o meio em que vivemos e também porque foi esta a denominação utilizada pela própria Constituição Federal.[2] O conceito de meio ambiente, portanto, deverá abranger a natureza original e artificial, bem como os bens culturais correlatos como solo, água, ar, flora, fauna, belezas naturais, patrimônio histórico, artístico, turístico, paisagístico e arqueológico.[3]

Nas últimas décadas, a crescente degradação ambiental despertou, em grande parte do globo, a chamada "consciência ecológica". Paulatinamente, a natureza vem deixando de ser vista como um simples recurso à disposição da humanidade para ser percebida como parte integrante de nosso meio, já que todos os organismos vivos coabitam o mesmo espaço terreno e são corresponsáveis pela sua preservação.

Durante longo período, não havia em nosso ordenamento jurídico nenhuma norma que coibisse a devastação ou protegesse o equilíbrio ecológico. Foi sob uma égide liberalista e privatista, que o Código

1 SILVA, José Afonso da. *Direito ambiental constitucional.* 5ª ed. São Paulo: Malheiros, 2004, p. 19.

2 MACHADO, Paulo Affonso Leme. *Direito ambiental brasileiro.* 18ª ed. São Paulo: Malheiros, 2010, p. 52.

3 SILVA, José Afonso da. *Comentário contextual à Constituição.* 6ª ed. São Paulo: Malheiros, 2009, p. 834.

Civil de 1916 apresentou os primeiros dispositivos nesse sentido. Em seu art. 554, o extinto Código atribuía ao proprietário ou inquilino de um prédio, o direito de impedir que o mau uso da propriedade vizinha pudesse lhe prejudicar a segurança, o sossego e a saúde. No mesmo sentido, o art. 584 proibia construções capazes de poluir ou inutilizar, para uso ordinário, a água do poço ou fonte alheia.

Mesmo de cunho nitidamente individual e com vistas à proteção do direito de propriedade, estas normas possibilitaram a construção da jurisprudência para ampliação do conceito de direito de vizinhança e também para fundamentar ações que visavam a impedir a contaminação do meio ambiente por parte das indústrias.[4]

A partir de 1934 surgiram algumas normas específicas de proteção do meio ambiente, dentre as quais podemos citar o Código Florestal (Decreto nº 23.793/34),[5] o Código das Águas (Decreto nº 24.643/34), ainda em vigor, e o Código de Pesca (Decreto-Lei nº 794/38).[6]

A legislação federal teve início com o Decreto-Lei nº 248, de 28.02.67, que instituiu a Política Nacional do Saneamento Básico. Na mesma data, o Decreto-Lei nº 303 criou o Conselho Nacional de Controle da Poluição Ambiental, junto ao Ministério da Saúde, mas por serem incipientes e insuficientes, foram revogados apenas oito meses após sua edição pela Lei nº 5.318, de 26.09.67.

Somente em 1973 retomou-se a sistematização da matéria, com o Decreto nº 73.030, de 30.10.73, e em seguida foram expedidos mais diplomas legais importantes para a tutela jurídica ambiental: o Decreto-Lei nº 1.413, de 14.08.75, dispondo sobre o controle da poluição do meio ambiente provocada por atividade industrial, e o Decreto nº 76.389, de 03.10.75, dispondo sobre medidas de prevenção e controle da poluição industrial.

---

4 SILVA, José Afonso da. *Direito ambiental constitucional.* 5ª ed. São Paulo: Malheiros, 2004, p. 35.

5 O Decreto nº 23.793/34 foi posteriormente substituído pela Lei nº 4.771/65, atualmente revogada pela Lei nº 12.651/2012.

6 O Decreto nº 794/38 foi posteriormente substituído pelo Decreto-Lei nº 221/67, atualmente revogado pela lei nº 11.959/2009.

Até então faltavam normas constitucionais que fundamentassem uma visão protecionista e que coibissem lesões ao meio ambiente, estabelecendo diretrizes para o desenvolvimento sustentável.[7]

3.2. A mudança de paradigma a partir da Constituição de 1988

As Constituições anteriores não apresentavam grandes preocupações com a proteção e preservação ambiental e nelas sequer foi utilizado o termo "meio ambiente". A referida omissão dos constituintes anteriores pode ser justificada pelo fato de que, somente a partir do ano de 1972, quando ocorreu a Conferência de Estocolmo,[8] espalhou-se pelo globo o chamado *despertar ecológico* e as questões relacionadas à busca pelo equilíbrio ecológico passaram a receber tutela jurídico-institucional.[9]

Enfim, em 1988 foi promulgada a Constituição que Édis Milaré chamou de "verde" dado o espírito ecológico que a inspirou, traduzido em vários de seus dispositivos, insertos ao longo de todo o seu texto, para construção de um dos sistemas mais abrangentes e atuais do mundo sobre tutela do meio ambiente.[10]

---

7 O desenvolvimento sustentável teve sua definição dada pela Comissão Mundial sobre Meio Ambiente e Desenvolvimento: "*O desenvolvimento que atende às necessidades do presente, sem comprometer a capacidade das futuras gerações atenderem às suas próprias necessidades*" (ANTUNES, Paulo de Bessa. *Direito ambiental*, 12ª ed. Rio de Janeiro: Lumen Juris, 2010, p. 657).

8 A *Declaração do Meio Ambiente* foi adotada pela Conferência das Nações Unidas, em Estocolmo, em junho de 1972, cujos princípios constituem prolongamento da *Declaração Universal dos Direitos do Homem*. O referido documento proclamou que: "*O Homem é, a um tempo, resultado e artífice do meio que o circunda*".

9 Como exemplo deste fenômeno podemos citar: Constituição do Chile de 1972 (art. 19.8), Constituição da Grécia de 1975 (art. 24), Constituição de Portugal de 1976 (art. 66) e Constituição Espanhola de 1978 (art. 45). Para maiores esclarecimentos sobre sustentabilidade no plano internacional, *vide*: VIEIRA, Susana Camargo. *Desenvolvimento sustentável. A evolução do conceito*. Jus Navigandi, Teresina, ano 13, nº 1961, 13 nov. 2008. Disponível em: <http://jus.com.br/artigos/11961>. Acesso em: 18 nov. 2013.

10 MILARÉ, Édis. *Direito do ambiente:* a gestão ambiental em foco. Doutrina. Jurisprudência. Glossário. 7ª ed. São Paulo: Revista dos Tribunais, 2011, p. 184.

3.3. A noção de sustentabilidade inserida na Constituição de 1988

Logo no art. 1º, inciso IV, a Constituição estabelece "*os valores sociais do trabalho e da livre iniciativa*" como um dos **fundamentos** da República. Mais adiante, ao tratar sobre a ordem econômica nacional "*fundada na valorização do trabalho humano e na livre iniciativa*", o art. 170, VI, tem como princípio a defesa do meio ambiente.

A inclusão deste princípio como limite à livre iniciativa constitui um dos principais avanços constitucionais no que se refere à tutela do meio ambiente. Significa que a proteção dos ecossistemas e o equilíbrio ambiental não podem ser violados pela iniciativa privada em nome do crescimento econômico. Verifica-se, portanto, a própria noção de sustentabilidade inserida expressamente no texto constitucional.[11]

No mesmo sentido e reforçando a ideia anterior, observa-se que o art. 3º, ao estabelecer os objetivos da República, prima pelo desenvolvimento, e o bem-estar da sociedade e o referido "bem comum", por sua vez, são explicitamente tratados pelo art. 225 como causa e, ao mesmo tempo, decorrência do meio ambiente ecologicamente equilibrado. Ou seja, não é admitido pela norma mãe outro tipo de desenvolvimento nacional que não o sustentável – único capaz de proporcionar o bem-estar social. Neste sentido, oportuna a lição de Paulo Affonso Leme Machado sobre a intrínseca ligação do meio ambiente com a qualidade de vida social reconhecida pelo legislador constituinte:

> Além de ter afirmado o direito ao meio ambiente ecologicamente equilibrado, a Constituição faz um vínculo desse direito com a qualidade de vida. Os constituintes poderiam ter criado somente um direito ao meio ambiente sadio – isso já seria meritório. Mas foram além.
> O direito à vida foi sempre assegurado como direito fundamental nas Constituições Brasileiras. Na Constituição de 1988 há um avanço. Resguarda-se a *dignidade da pessoa humana* (art. 1º, III) e é feita a introdução do *direito à sadia qualidade de vida*. São conceitos que precisam de normas e de políticas públicas para serem dimensionadas completamente. Contudo, seus alicerces estão fincados constitucionalmente para construção de uma sociedade política ecologicamente democrática e de direito.[12]

---

11 MILARÉ, Édis. *Direito do ambiente:* a gestão ambiental em foco. Doutrina. Jurisprudência. Glossário. 7ª ed. São Paulo: Revista dos Tribunais, 2011, p. 186.

12 MACHADO, Paulo Affonso Leme. *Direito ambiental brasileiro*. 18ª ed. São Paulo: Malheiros, 2010, pp. 133-134.

Para as atividades decorrentes da iniciativa pública o constituinte foi ainda mais incisivo pois, além de sofrer as mesmas limitações ambientais, em decorrência do art. 225, foi imposto ao Poder Público o dever de preservação e foram traçadas diretrizes de atuação positiva.

Não obstante o notório espírito ambiental impregnado ao longo de vários dispositivos, o meio ambiente ganhou capítulo próprio no título VIII que trata da ordem social, com o artigo 225. Em seus parágrafos e incisos revela-se verdadeiro arcabouço de normas que deverá ser compreendido levando-se em conta outros dispositivos referenciados explícita[13] ou implicitamente.[14]

Na lição de José Afonso da Silva,[15] o art. 225 da CF/88 compreende, esquematicamente, três conjuntos de normas assim distribuídas: no primeiro conjunto apresenta-se a norma-matriz, reveladora do direito difuso ao meio ambiente equilibrado. Já o segundo grupo, composto pelo § 1º e seus incisos, dispõe sobre os instrumentos de garantia e efetividade do direito anunciado na norma primeira. Por último, o terceiro conjunto refere-se aos §§ 2º a 6º e abrange várias determinações específicas que, devido ao seu elevado conteúdo ecológico merecem proteção constitucional.

Como desdobramento da norma em comento, cria-se verdadeiro Direito Constitucional Fundamental ao Meio Ambiente Sustentável.[16]

---

13 Podemos mencionar os seguintes dispositivos constitucionais que tratam explicitamente do meio ambiente: art. 5º, LXXXIII, art. 20, II, art. 23, art. 24, art. 91, § 1º, III, art. 129, III, art. 170, VI, art, 173, § 5º, art. 174, § 3º, art. 186, II, art. 200, VIII, art. 220, § 3º, II, art. 225 e art. 231, § 1º.

14 José Afonso da Silva aponta as seguintes referências implícitas ao meio ambiente no texto constitucional: dispositivos referentes à exploração e instalação de produtos nucleares (art. 21, XXIII), inspeção no trabalho (art. 21, XXIV), exercício de garimpagem (art. 21, XXV), competência legislativa privativa da União sobre recursos minerais (art. 22, IV, XII, XXVI), sobre bens da União como lagos, rios e correntes de água (arts. 20 e 26), sobre a competência municipal para o parcelamento e ocupação do solo (art. 30, VIII) e no conjunto de normas sobre a saúde que vislumbram valores ambientais (arts. 196 a 200). (SILVA, José Afonso da. *Direito ambiental constitucional.* 5ª ed. São Paulo: Malheiros, 2004, pp. 49-50).

15 SILVA, José Afonso da. *Direito ambiental constitucional.* 5ª ed. São Paulo: Malheiros, 2004, pp. 52-53.

16 MILARÉ, Édis. *Direito do ambiente:* a gestão ambiental em foco. Doutrina. Jurisprudência. Glossário. 7ª ed. São Paulo: Revista dos Tribunais, 2011, p. 189.

3.4. O direito fundamental ao meio ambiente sustentável

Em razão do progressivo quadro de degradação, o meio ambiente ascendeu ao posto de direito fundamental, reconhecido como de terceira dimensão e incorporado aos textos constitucionais dos Estados Democráticos de Direito como extensão do próprio direito à vida com dignidade.[17]

Na experiência brasileira, por força do conteúdo inserto no art. 225 da Constituição Federal, criou-se verdadeiro direito fundamental ao meio ambiente sustentável, tanto para brasileiros quanto para estrangeiros, impondo a todos (particulares e Poder Público) o dever de preservação.

Neste liame, a indisponibilidade inerente a todo direito fundamental foi ressaltada pelo texto constitucional ao dispor que a preservação do meio ambiente deverá ser feita não somente em razão das presentes gerações, mas também das futuras, estabelecendo-se um dever moral e jurídico de transmissão do patrimônio ecológico.[18]

Ressalta-se que o fato de ter sido colocado fora do Título II (Dos Direitos e Garantias Fundamentais) em nada o inferioriza, já que a lei maior admite a existência de outros direitos decorrentes do regime, de princípios por ela adotados ou de tratados internacionais de que seja parte (art. 5º, § 2º, CF/88).

Assim, o reconhecimento deste direito fundamental irradiou por todo o texto constitucional, dando nova conotação a toda legislação ambiental vigente e norteando a atuação de entes públicos e privados, constituindo-se em verdadeira cláusula pétrea.

3.5. Do conceito agregador de desenvolvimento sustentável

Quando se faz referência à qualidade de vida, indubitavelmente ela está inserida na noção de sustentabilidade, pois, como vimos, não é possível o desenvolvimento sadio e harmônico de qualquer corpo social sem a garantia do fundamental direito ao meio ambiente sustentável.

---

17 MILARÉ, Édis. *Direito do ambiente:* a gestão ambiental em foco. Doutrina. Jurisprudência. Glossário. 7ª ed. São Paulo: Revista dos Tribunais, 2011, pp. 1.064-1.065.

18 MIRRA, Álvaro Luiz Valery. *Fundamentos do direito ambiental no Brasil*, Revista dos Tribunais, v. 706, São Paulo, 1994, p. 13.

De forma sucinta e singela, podemos dizer que o desenvolvimento sustentável é aquele capaz de atender aos anseios progressistas da sociedade e, ao mesmo tempo, considerar as questões ambientais dentro de um processo contínuo de planejamento e otimização, observando suas inter-relações socioculturais, históricas, filosóficas, políticas, econômicas e ecológicas em dimensões contextualizadas no tempo e no espaço, de modo que "*a política ambiental não deve significar obstáculo ao desenvolvimento, mas sim, um de seus instrumentos*".[19]

A sustentabilidade, portanto, não está ligada apenas ao processo econômico de produção e consumo, pois não se restringe à sociedade humana, embora ela seja o principal agente deste processo. A essência deste conceito foi bem captada por Carlos Gabaglia Penna no seguinte trecho:

> O desenvolvimento sustentável exige da sociedade que suas necessidades sejam satisfeitas pelo aumento da produtividade e pela criação de oportunidades políticas, econômicas e sociais iguais para todos. [...] O desenvolvimento sustentável é um processo de mudança no qual o uso dos recursos, as políticas econômicas, a dinâmica populacional e as estruturas institucionais estão em harmonia e reforçam o potencial atual e futuro para o progresso humano. Apesar de reconhecer que as atividades econômicas devem caber à iniciativa privada, a busca do desenvolvimento sustentável exigirá, sempre que necessário, a intervenção dos governos nos campos social, ambiental, econômico, de justiça e de ordem pública, de modo a garantir democraticamente um mínimo de qualidade de vida para todos.[20]

Como se vê, a sustentabilidade vai muito além da abordagem jurídica e não seria possível aferir sua verdadeira extensão neste singelo estudo. Trata-se de um conceito complexo, agregador de elementos não humanos, multi e pluridisciplinar, cultural e axiológico, que necessita de incorporação paulatina da sociedade para perpetuação sadia de todas as espécies, além da proteção jurídica contra contínuas violações.

---

19 MILARÉ, Édis. *Direito do ambiente: a gestão ambiental em foco*. Doutrina. Jurisprudência. Glossário. 7ª ed. São Paulo: Revista dos Tribunais, 2011, p. 72.

20 PENNA, Carlos Gabaglia. *O estado do planeta:* sociedade de consumo e degradação ambiental. Rio de Janeiro: Record, 1999, p. 140.

3.6. O objeto da tutela jurídica do meio ambiente

Quando se analisa tutela jurídica ambiental, em um primeiro momento, parece-nos evidente que o objeto seria o próprio meio ambiente. Entretanto, a questão carece de maiores reflexões.

Primeiramente, há de se conceber o meio ambiente em todos os seus elementos constitutivos (natural, artificial e cultural) e sua inter-relação com a sociedade e o Direito. A partir de então é preciso analisar se o que o Direito visa a proteger é o próprio meio ambiente, com fim em si mesmo, ou a qualidade deste meio ambiente com vistas a garantir a qualidade de vida da sociedade.

A resposta encontra-se esculpida no próprio texto constitucional, quando declara que "*todos têm direito ao meio ambiente ecologicamente equilibrado*". Sobre o tema, merece transcrição a análise de José Afonso da Silva:[21]

> Veja-se que o objeto do direito de todos não é o meio ambiente em si, não é qualquer meio ambiente. O que é objeto do direito é o *meio ambiente qualificado*. O direito que todos temos é à qualidade satisfatória, ao equilíbrio ecológico do meio ambiente. Essa qualidade é que se converteu em um bem jurídico. Isso é que a constituição define como *bem de uso comum do povo* e essencial à *sadia qualidade de vida*.

Como se verifica, o objeto não é apenas o meio ambiente, mas o meio ambiente equilibrado, capaz de proporcionar o bem-estar social e a qualidade de vida anunciados pelo constituinte.

Não se pode deixar de observar ainda que toda a proteção ambiental difundida pelo globo após a Conferência de Estocolmo e refletida em nossa Constituição é resultado mais de uma preocupação egoísta da sociedade com sua qualidade de vida, do que de uma consciência ecológica propriamente dita. Tanto em termos de moral, quanto de Direito, a humanidade está longe de conceber-se como parte integrante da natureza. A geração atual começa a estimar por quanto tempo ainda poderá usufruir dos recursos naturais que restaram, tal como o parasita que, por conveniência, estima prolongar a vida de seu hospedeiro.

21 SILVA, José Afonso da. *Comentário contextual à Constituição*. 6ª ed. São Paulo: Malheiros, 2009, p. 837.

3.7. Dos direitos difusos relacionados ao meio ambiente

Ao analisar o estágio atual da sociedade moderna é possível constatar que a globalização está marcada pela transindividualidade de direitos.[22] Seja em relação aos direitos consumeristas, à economia de massa, ou à proteção de grupos vulneráveis (idosos, crianças, mulheres, portadores de necessidade especiais, indígenas, dentre outros) a coletividade é emergente, revelando a necessidade do Direito de centrar-se no todo e não apenas no indivíduo, como aponta Luís Roberto Barroso:

> Este processo de "transmigração" projeta a necessidade de tutela jurídica para além das situações subjetivas que têm titulares certos e determinados, ou mesmo aquelas que recaem sobre uma coletividade cujos membros mantêm entre si uma relação-base (v.g., sociedade, condomínio). A nova gama de interesses a serem atendidos, denominados interesses ou direitos difusos [...], envolve relações que se afastam do esquema rotineiro de contraposição entre um credor e um devedor. A proteção desses valores recém-descortinados, voltados, essencialmente para o aprimoramento da qualidade de vida, em sua expressão material e espiritual, afeta uma pluralidade indeterminada de pessoas, que os desfruta em comum, sem que possam dividir.[23]

Por sua vez, Rodolfo de Camargo Mancuso explica que os interesses difusos nem sempre são compartilhados por toda a coletividade ou comungados pelo Estado, fazendo surgir conflitos em razão da ausência de vínculo jurídico entre as pretensões metaindividuais, as quais derivam apenas de situações de fato.[24]

Entretanto, o foco deste breve estudo não é a análise de todos os interesses difusos, mas tão somente daqueles relacionados ao meio ambiente sustentável, com vistas à garantia de sua efetividade enquanto direito fundamental. Desta feita, podemos citar como exemplo de

---

22 VENTURI, Elton. *Processo civil coletivo:* a tutela jurisdicional dos direitos difusos, coletivos e individuais homogêneos no Brasil. Perspectivas de um código brasileiro de processos coletivos. São Paulo: Malheiros, 2007, p. 31.

23 BARROSO, Luís Roberto. *O direito constitucional e a efetividade de suas normas*: limites e possibilidades da Constituição brasileira. Rio de Janeiro: Renovar, 2002, pp. 140-141.

24 MANCUSO, Rodolfo de Camargo. *Interesses difusos*: conceito e legitimidade para agir. 7ª ed. rev., atual. e ampl. São Paulo: Revista dos Tribunais, 2011, p. 102.

tutela jurisdicional de direitos difusos relacionados ao meio ambiente as ações que visam a coibir ou impedir a perpetuação de uma prática empresarial poluidora,[25] que visem a evitar e/ou reparar a destruição do patrimônio artístico, cultural, histórico e paisagístico, ações com o fito de combater o tratamento cruel dispensado aos animais, dentre outras.

3.8. Da via adequada para tutelar direitos difusos concernentes ao meio ambiente

Sérgio Cruz Arenhart e Luiz Guilherme Marinoni salientam a necessidade de readequação do modelo processual em face da mudança substancial das pretensões, ante a insurgência de conflitos de massa, fazendo-se necessário desenvolver o processo civil coletivo.[26]

Simultaneamente, observa-se que a condição de vulnerabilidade de certos grupos sociais minoritários, também ganha atenção no tema das tutelas coletivas, visto que o instrumento processual inerente nasce direcionado para atender referidos clamores sociais. Nesse contexto, Mancuso aponta que, por meio da utilização da tutela coletiva em proteção aos vulneráveis, há preservação da igualdade em sentido substancial – declarada pela Constituição Federal de 1988 –

---

25 A poluição está conceituada no art. 3º, III, da Lei nº 6.938/81 que assim dispõe: "Art. 3º Para os fins previstos nesta Lei, entende-se por:
I – meio ambiente, o conjunto de condições, leis, influências e interações de ordem física, química e biológica, que permite, abriga e rege a vida em todas as suas formas;
II – degradação da qualidade ambiental, a alteração adversa das características do meio ambiente;
III – poluição, a degradação da qualidade ambiental resultante de atividades que direta ou indiretamente:
a) prejudiquem a saúde, a segurança e o bem-estar da população;
b) criem condições adversas às atividades sociais e econômicas;
c) afetem desfavoravelmente a biota;
d) afetem as condições estéticas ou sanitárias do meio ambiente;
e) lancem matérias ou energia em desacordo com os padrões ambientais estabelecidos;
IV – poluidor, a pessoa física ou jurídica, de direito público ou privado, responsável, direta ou indiretamente, por atividade causadora de degradação ambiental;"

26 ARENHART, Sergio Cruz; MARINONI, Luiz Guilherme. *Procedimentos especiais*. 3ª ed. rev. e atual. São Paulo: Revista dos Tribunais, 2012, p. 301.

consistente em tratar desigualmente os desiguais na medida de suas desigualdades.[27]

Para além dos grupos vulneráveis e indo ao encontro do tema objeto deste estudo, Mendes acrescenta que a nova gama de direitos e interesses difusos envolve a proteção de valores voltados para a qualidade de vida, em sua faceta material e espiritual, afetando uma pluralidade indeterminada de pessoas, que desfruta da tutela em comunidade.[28]

Em suma, por se tratar de um direito difuso, não suscetível de apropriação por quem quer que seja, a tutela jurisdicional do meio ambiente deverá ser prestada preferencialmente de forma coletiva, através de mecanismos próprios capazes de assegurar a defesa judicial do patrimônio de todos. Édis Milaré listou os seguintes remédios: (i) ação direta de inconstitucionalidade de lei ou ato normativo (art. 102, I, *a*, 103 e 125, § 2º); (ii) ação civil pública (art. 129, III c/c o § 1º); (iii) ação popular constitucional (art. 50, LXXIII); (iv) mandado de segurança coletivo (art. 5º, LXX) e (v) Mandado de Injunção (art. 5º, LXXI), aos quais também acrescentamos a Ação Direta de Inconstitucionalidade por Omissão, prevista no art. 103, § 2º, da Constituição Federal. [29-30-31]

---

27 MANCUSO, Rodolfo de Camargo. *Interesses difusos:* conceito e legitimação para agir. 7ª ed. São Paulo: Revista dos Tribunais, 2011, p. 47.

28 MENDES, Aluísio Gonçalves de Castro. *Ações coletivas no direito comparado e nacional.* São Paulo: Revista dos Tribunais, 2002, p. 208.

29 MILARÉ, Édis. *Direito do ambiente: a gestão ambiental em foco.* Doutrina. Jurisprudência. Glossário. 7ª ed. São Paulo: Revista dos Tribunais, 2011, p. 231.

30 O inquérito civil, o compromisso de ajustamento de conduta, as audiências públicas, recomendações e inquérito policial constituem técnicas de tutela coletiva do meio ambiente, mas não foram relacionadas por se tratar de instrumentos extraprocessuais.

31 No caso de crimes ambientais também será utilizada a Ação Penal Pública, sempre incondicionada, de inciativa exclusiva do Ministério Público (art. 129, I, CF/88).

4

DA TUTELA JURISDICIONAL

4.1. Da tutela reparatória

A tendência liberal influenciou de forma significativa nossa sociedade e ordenamento jurídico culminando na doutrina processual clássica, com forte inspiração nos valores da época. O próprio Código de Napoleão, marco do triunfo burguês, já estabelecia as matrizes de sustentação da tutela reparatória: "*Toda obrigação de fazer ou não fazer resolve-se em perdas e danos e juros, em caso de descumprimento pelo devedor*".[1] Não havia naquela época qualquer preocupação com uma tutela preventiva de direitos e a única forma de combate ao ilícito constituía-se na reparação do dano *a posteriori*, quase sempre em pecúnia.[2]

Evidentemente, também havia previsão de uma forma de tutela que restabelecesse o estado das partes em momento anterior à lesão, buscando reconstituir a situação que existia se não tivesse ocorrido o evento que obriga à reparação. Assim, se uma das partes havia se comprometido a entregar a outra determinado bem imóvel, era esta obrigação que o Estado-Juiz iria privilegiar, sendo convertida a obrigação em pecúnia apenas nos casos de impossibilidade de cumprimento. Entretanto, estas questões se limitavam ao campo das negociações comerciais e ao direito de propriedade[3] e foram se revelando insuficientes para solucionar questões sociais cada vez mais complexas.

1 Art. 1.142 do Código de Napoleão. Disponível em: <http://files.libertyfund.org/files/2353/CivilCode1566Bk.pdf>. Acesso em: 19 dez. 2013. Tradução livre da autora.

2 MARINONI, Luiz Guilherme. *Tutela inibitória*: individual e coletiva. 4ª ed. São Paulo: Revista dos Tribunais, 2006, p. 31.

3 Sobre as hipóteses de tutela inibitória no Direito brasileiro, destaca-se o Interdito Proibitório, a Nunciação de Obra Nova, a Ação Cominatória (contra o uso nocivo da propriedade e também com base no art. 287 do CPC) e o Mandado de Segurança Preventivo.

Desta forma, ao se tratar do ressarcimento de danos, nossa legislação processual não previa a aplicabilidade de técnicas ou procedimentos adequados e efetivos para prestar outro tipo de tutela que a reparatória em pecúnia.

Em linhas gerais, a tutela reparatória constitui uma forma de compensação pecuniária, paga pelo ofensor à vítima, em razão da violação de um direito, o que se opera através de um fenômeno jurídico de transmutação de um direito originário violado em direito de crédito.

O grande problema desta forma de tutela é que, quase sempre, ela não é capaz de promover uma reparação total dos danos sofridos, nem de restabelecer o *status quo*. Principalmente nos casos de dano ambiental, como a poluição marinha em determinada área da costa, por exemplo, é fácil perceber que, por mais que se imponha pesadas multas e obrigações de fazer ao poluidor, será dificílimo restabelecer o equilíbrio do ecossistema naquele local, mesmo com anos de investimento ambiental. As vidas das espécies mortas com o episódio também não poderão ser devolvidas ou compensadas com qualquer quantia. Como adverte Álvaro Luiz Valery Mirra:

> [...] é voz corrente na doutrina que as agressões ao meio ambiente são em regra de difícil ou impossível reparação. Ou seja: uma vez consumada a degradação do meio ambiente, a sua reparação é sempre incerta e, quando possível, excessivamente custosa. Daí a necessidade de o Poder Público atuar preventivamente.[4]

Durante muito tempo, a tutela meramente reparatória atendeu aos anseios liberais, mas ela se mostra insuficiente para resolver as questões atuais relacionadas a direitos individuais indisponíveis e, principalmente, com relação a direitos transindividuais, notoriamente à questão ambiental, que interessa não só às presentes como às futuras gerações.

4.2. Da tutela inibitória

Com a paulatina superação dos ideais liberais e a consequente formação de um Estado Social que busca a democracia material, passou-se a conceber o processo não como uma ciência apartada do

4 MIRRA, Álvaro Luiz Valery. *Limites e controle dos atos do poder público em matéria ambiental. Ação civil pública*. São Paulo: Revista dos Tribunais, 1995, p. 32.

direito material, mas como uma forma de realização deste. Constatou-se, portanto, a necessidade urgente de se repensar o modelo processual e seus mecanismos imanentes, com o intuito de se assegurar não só o acesso à sentença, mas a uma tutela jurisdicional adequada e efetiva, em razoável espaço de tempo.[5] Nesse sentido:

> A partir da segunda metade do Século XIX, abandonou-se a ideia de que o processo estaria vocacionado apenas para a tutela dos direitos do autor, como projeção da teoria imanentista, passando-se a entender que o processo é um instrumento do Estado para o exercício de uma de suas mais nobres funções: a prestação do serviço jurisdicional.[6]

Ao discorrer sobre o tema, Marinoni destaca:

> A tutela inibitória, configurando-se como tutela preventiva, visa a prevenir o ilícito, culminando por apresentar-se, assim, como uma tutela anterior à sua prática, e não como uma tutela voltada para o passado, como a tradicional tutela ressarcitória.[7]

Portanto, quando se analisa a tutela inibitória, há de se ter em mente, primordialmente, que se trata de uma forma de impedir a prática, a continuação ou a repetição do ilícito e não a reparação do dano já configurado. Lado outro, a tutela ressarcitória preocupa-se em identificar quem deverá suportar o resultado danoso e de quantificá-lo em pecúnia.

Salienta-se, novamente, que alguns direitos, principalmente os indisponíveis, não podem ser mensurados em pecúnia, justamente por não possuírem um preço e sim um valor moral, socialmente reconhecido, fruto da autonomia racional do indivíduo.[8] Nestes casos, a tutela inibitória revela-se mais apropriada, uma vez que tenta preservar o direito em si, sem que seja necessária uma violação, para, só então, este direito receber atenção da Justiça.

---

5 MARINONI, Luiz Guilherme. *Tutela inibitória*: individual e coletiva. 4ª ed. São Paulo: Revista dos Tribunais, 2006, p. 32.

6 DINAMARCO, Cândido Rangel. *Fundamentos do processo civil moderno*. 2ª ed. São Paulo: Revista dos Tribunais, 1987, p. 238.

7 MARINONI, Luiz Guilherme. *Tutela inibitória*: individual e coletiva. 4ª ed. São Paulo: Revista dos Tribunais, 2006, p. 36.

8 KANT, Immanuel. *Fundamentação da metafísica dos costumes e outros escritos*. Tradução de: Leopoldo Holzbach. São Paulo: Martin Claret, 2004, p. 23.

No caso da proteção ambiental, além de prioritariamente tentar evitar o ilícito e preservar o direito em si, caso já tenha ocorrido algum dano, esta forma de tutela determina o cessar de todos os atos que direta ou indiretamente corroboram para sua perpetuação, minimizando suas consequências. Justamente por isso, a tutela inibitória é a mais adequada à proteção dos direitos relacionados ao meio ambiente.

4.2.1. Dos fundamentos da tutela inibitória

Em razão da natureza inviolável de vários direitos substanciais, como a honra, a liberdade e o meio ambiente, resta evidente a necessidade de normas processuais adequadas, capazes de salvaguardar os direitos materialmente assegurados. Caso contrário, as normas que proclamam e resguardam direitos fundamentais restariam esvaziadas de sentido, pois poderiam ser violadas a qualquer momento e o único meio de tutela seria o ressarcimento posterior em pecúnia.

Desta forma, forçoso reconhecer que a tutela inibitória funda-se no próprio direito material,[9] uma vez que a efetividade deste é consequência lógica da necessidade de ações preventivas, nos casos de direitos que possuem natureza absolutamente invioláveis. Nesse sentido, como apontado por Marinoni, a Constituição Federal, em seu artigo 5º, XXXV,[10] afirmou expressamente a inviolabilidade de determinados direitos, resguardando-os contra ameaça e determinando sua apreciação pelo Poder Judiciário.

> Ora, se a própria Constituição afirma a inviolabilidade de determinados direitos e, ao mesmo tempo, diz que nenhuma lei poderá excluir da apreciação do Poder Judiciário "ameaça a direito", não pode restar qualquer dúvida de que o direito de acesso à justiça (art. 5º, XXXV, CF) tem como corolário o direito à tutela efetivamente capaz de impedir a violação do direito.[11]

---

9 MARINONI, Luiz Guilherme. *Tutela inibitória e tutela de remoção do ilícito.* Jus Navigandi, Teresina, ano 9, n. 272, 5 abr. 2004. Disponível em: <http://jus.com.br/artigos/5041>. Acesso em: 06 jan. 2014.

10 Art. 5º, XXXV, da CF/88: "*A lei não excluirá da apreciação do Poder Judiciário lesão ou ameaça a direito*".

11 MARINONI, Luiz Guilherme. *Tutela inibitória e tutela de remoção do ilícito.* Jus Navigandi, Teresina, ano 9, n. 272, 5 abr. 2004. Disponível em: <http://jus.com.br/artigos/5041>. Acesso em: 06 jan. 2014.

Dentre todas as mudanças paradigmáticas que o Princípio da Inafastabilidade da Jurisdição alavancou no ordenamento jurídico brasileiro, sua estreita relação com o reconhecimento da necessidade de uma tutela jurisdicional realmente preventiva também foi ressaltada por Joaquim Felipe Spadoni:

> O dispositivo constitucional garante, assim, não apenas um devido processo legal tendente a uma tutela jurisdicional repressiva, atuada após a lesão do direito, com o fim de que seja feita a reparação dos danos causados ou a sua reintegração. É assegurado, também, o acesso a um processo tendente a evitar a lesão do direito, o acesso a uma tutela jurisdicional preventiva, atuada quando ainda existe apenas a ameaça de lesão, e não já violação consumada.[12]

Como se vê, sem o instrumento inibitório, a apreciação pelo Poder Judiciário de ameaça a direito seria letra morta, uma vez que, somente após a violação do direito é que se cogitaria a intervenção do Estado-Juiz com o fim único de reparação.

A doutrina de Marinoni vai além e, na análise conjuntural de tal dispositivo constitucional afirma existir verdadeiro *Direito Fundamental À Tutela Preventiva*, como desdobramento e consequência do Direito Fundamental à Efetividade da Tutela Jurisdicional,[13] com o que concordamos, principalmente quando a forma preventiva é utilizada para tutelar direitos indisponíveis como o direito ao meio ambiente equilibrado.

Além dos fundamentos constitucionais, vale mencionar ainda o art. 12 do Código Civil e o art. 461 do Código de Processo Civil como fundamentos da tutela inibitória. É o que se extrai de voto de relatoria do Des. Alexandre Santiago, em julgado do TJ-MG:

---

12 SPADONI, Joaquim Felipe. *Ação inibitória:* a ação preventiva no art. 461 do CPC. São Paulo: Revista dos Tribunais, 2002, p. 25.

13 "*Na verdade, há direito fundamental à efetividade da tutela jurisdicional e, assim, direito fundamental à tutela preventiva, o qual incide sobre o legislador – obrigando-o a instituir as técnicas processuais capazes de permitir a tutela preventiva – e sobre o juiz – obrigando-o a interpretar as normas processuais de modo a delas retirar instrumentos processuais que realmente viabilizem a concessão de tutela de prevenção*" (MARINONI, Luiz Guilherme. *Tutela inibitória e tutela de remoção do ilícito.* Jus Navigandi, Teresina, ano 9, n. 272, 5 abr. 2004. Disponível em: <http://jus.com.br/artigos/5041>. Acesso em: 06 jan. 2014).

Conforme é cediço, a tutela inibitória presta-se a evitar a violação de um direito do autor a ser realizada por atos praticados pelo apelante, que estejam em desacordo com um dever de conduta existente.

É necessária a verificação de um possível dano na esfera jurídica do titular, bastando a simples ameaça. A ameaça a direito é, então, elemento necessário porque faz relação à possibilidade de prevenir. Assim, a ação inibitória terá efeito futuro a fim de evitar que se produzam novos danos ou diminuir aqueles já produzidos.

O objetivo desta proteção dos direitos é impedir, inibir e coibir o ato ilícito de modo que este não cause sequer lesão ao direito de seu titular ou, se já ocorreu o dano, que ele não se alastre ou amplie.

O meio de proteção dos direitos da personalidade será através da tutela inibitória. A tutela inibitória encontra respaldo em diversas normas legais, entre elas:

I – Constituição Federal:

"Art. 5º [...]

XXXV – Nenhuma lei excluirá da apreciação do judiciário lesão ou ameaça a direito".

II – Código Civil de 2002:

"Art. 12. Pode-se exigir que cesse a ameaça, ou a lesão, a direito da personalidade, e reclamar perdas e danos, sem prejuízo de outras sanções previstas em lei".

III – Código de Processo Civil:

"Art. 461. Na ação que tenha por objeto o cumprimento de obrigação de fazer ou não fazer, o juiz concederá a tutela específica da obrigação ou, se procedente o pedido, determinará providências que assegurem o resultado prático equivalente ao do adimplemento.

§ 1º A obrigação somente se converterá em perdas e danos se o autor o requerer ou se impossível a tutela específica ou a obtenção do resultado prático correspondente.

§ 2º A indenização por perdas e danos dar-se-á sem prejuízo da multa (art. 287).

§ 3º Sendo relevante o fundamento da demanda e havendo justificado receio de ineficácia do provimento final, é lícito ao juiz conceder a tutela liminarmente ou mediante justificação prévia, citado o réu. A medida liminar poderá ser revogada ou modificada, a qualquer tempo, em decisão fundamentada.

§ 4º O juiz poderá, na hipótese do parágrafo anterior ou na sentença, impor multa diária ao réu, independentemente de pedido do autor, se for suficiente ou compatível com a obrigação, fixando-lhe prazo razoável para o cumprimento do preceito.

§ 5º Para a efetivação da tutela específica ou a obtenção do resultado prático equivalente, poderá o juiz, de ofício ou a requerimento, determinar as medidas necessárias, tais como a imposição de multa por tempo de atraso, busca e apreensão, remoção de pessoas e coisas, desfazimento de obras e impedimento de atividade nociva, se necessário com requisição de força policial.

> § 6º O juiz poderá, de ofício, modificar o valor ou a periodicidade da multa, caso verifique que se tornou insuficiente ou excessiva.[14]

Como se vê, a jurisprudência já reconhece e procedência e relevância da tutela inibitória, bem como sua fundamentação constitucional e legal, motivo pelo qual o instituto deverá ser aplicado com maior incidência, de forma progressiva, pelos nossos tribunais, sempre que identificadas as hipóteses legais de cabimento.

4.2.2. A tutela inibitória negativa e a tutela inibitória positiva

Para exata compreensão e extensão do tema, Sérgio Arenhart adverte-nos que não se deve limitar a tutela inibitória a uma simples pretensão negativa (tutela inibitória negativa), ou seja, um "não fazer".[15]

Por vezes, os exemplos práticos de utilização da tutela inibitória levam-nos a acreditar que somente serão obtidas através do provimento jurisdicional, obrigações de abstenção ou tolerância por parte do ofensor.

Eduardo Talamine defende não ser possível impor um dever positivo no caso de uma ação inibitória,[16] mas como bem observado por Marinoni, o problema em se conceber a tutela inibitória positiva reside no fato de que a função preventiva não é própria das normas de natureza civil. Quando são ameaçados estes direitos, o mais comum é a cominação de uma ordem judicial de não fazer, mas, em que pese a menor incidência prática, nada impede que sejam protegidos através de uma obrigação de fazer (inibitória positiva).[17]

A imposição de fazer é viabilizada no ordenamento jurídico brasileiro por meio dos art. 461, do CPC, e 84, do CDC, por meio dos quais é perfeitamente possível evitar o ilícito através de uma inibitória positiva. Ou seja, nada impede que se postule uma tutela inibitória a fim

---

14 TJ-MG, Apelação Cível 1.0024.08.253786-1/001, Rel. Des. Alexandre Santiago, 11ª Câmara Cível. Julgamento em: 03.07.2013, pub. da Súmula em: 08.07.2013.

15 ARENHART. Sérgio Cruz. A *tutela inibitória coletiva*. São Paulo: Revista dos Tribunais, 2003, p. 167.

16 TALAMINE. Eduardo. *Tutela relativa aos deveres de fazer e de não fazer*. São Paulo: Revista dos Tribunais, 2001, p. 232.

17 MARINONI, Luiz Guilherme. *Tutela inibitória*: individual e coletiva. 4ª ed. São Paulo: Revista dos Tribunais, 2006, p. 138.

de que seja instalado um filtro em determinada indústria, que expele fumaça nociva à saúde da população.[18]

Portanto, imperioso reconhecer que "*deve-se admitir, em nome da efetividade da tutela de direitos, a inibitória negativa e a inibitória positiva*",[19] sendo que a primeira configura-se em uma obrigação negativa (abstenção) e a segunda, em uma obrigação positiva (obrigação de fazer).

4.2.3. Os três tipos de tutela inibitória: para evitar a continuação do ilícito, para evitar a repetição do ilícito e para remoção do ilícito

A tutela inibitória apresenta-se de três formas, quando o critério de análise é a sua finalidade: contra a repetição do ilícito, a continuação do ilícito e a prática do ilícito.

A tutela inibitória contra a repetição do ilícito é utilizada quando o responsável já descumpriu previamente a legislação e por isso existem fortes indícios de que venha a violar a norma novamente. Trata-se de uma das formas mais comuns de tutela inibitória requerida em ação civil pública, por exemplo, quando um produtor rural que já foi autuado por práticas de desmatamento, encontra-se em vias de iniciar o plantio de nova cultura, executando atividades com maquinário e mão de obra que indicam a provável reincidência.

A tutela inibitória contra continuação do ilícito faz-se necessária quando há um ato continuado de descumprimento da legislação. Desta forma, o infrator pratica não apenas um ato ilícito, mas mantém-se num estado de permanente violação da ordem jurídica. Pode-se citar como exemplo desta situação uma empresa que é flagrada despejando, diariamente, dejetos químicos num curso d´água. O Ministério Público irá requerer não só o ressarcimento do dano causado, como também uma tutela inibitória materializada em uma obrigação de não fazer consistente em cessar a atividade de poluição.

Imperioso destacar que o pedido inibitório para fazer cessar o ilícito é perfeitamente cumulável com o pedido condenatório de repa-

---

18 MARINONI, Luiz Guilherme. *Tutela inibitória*: individual e coletiva. 4ª ed. São Paulo: Revista dos Tribunais, 2006, p. 135.

19 MARINONI, Luiz Guilherme. *Tutela inibitória*: individual e coletiva. 4ª ed. São Paulo: Revista dos Tribunais, 2006, p. 137.

ração dos danos causados através da reconstituição do meio ambiente devastado. Mesmo que na maioria das vezes não seja possível a reparação *in totum*, ela deverá ser promovida pelo agente causador do dano, com vistas a atingir o maior nível de restauração ambiental possível com os recursos tecnológicos disponíveis. É o que se extrai do seguinte julgado do Tribunal Regional Federal da 1ª Região:

> Ambiental e processual civil. Ação civil pública para reparação de dano ambiental na Amazônia Legal. Sentença extintiva do processo sem julgamento de mérito sob fundamento de ilegitimidade ativa *ad causam* do Ibama. Apelações do Ibama e do MPF. Reforma da sentença. Prosseguimento do julgamento (art. 515, § 3º, do CPC). Competência da Justiça Federal. Legitimidade passiva *ad causam* do possuidor do imóvel degradado. Responsabilidade objetiva e *propter rem*. Desmatamento ilegal de 224,130 hectares da Floresta Amazônica. Área da reserva legal de imóvel rural não observada. Dever de reparar o dano ambiental material e coletivo.
>
> 1. Apelação do Ibama e do MPF. A derrubada de floresta nativa em área da Amazônia Legal configura ofensa aos interesses da União, pois seus recursos naturais lhe pertencem (CF/88, art. 20, IX).
>
> 2. A proteção ao meio ambiente é da competência comum da União, Estados, Distrito Federal e Município (art. 23, VI c/c art. 225 da CF/88), o que implica dizer que a defesa ambiental concerne a todas as pessoas de direito público da Federação de forma não excludente.
>
> 3. A Lei 6.938/81, que institui a Política Nacional do Meio Ambiente, estabelece que compete ao Ibama executar essa política e atuar supletivamente no licenciamento de atividades efetiva ou potencialmente poluidoras (art. 10).
>
> 4. No sistema federativo brasileiro, havendo omissão de Estados e/ou Municípios, compete ao Ibama atuar supletivamente visando a prevenção ou reparação do dano local ou regional. A Floresta Amazônica é patrimônio nacional, o que confere legitimidade ativa ao Ibama para arguir em juízo em sua defesa.
>
> 5. Já decidiu o STJ no REsp 818.666/PR (DJ de 25.05.2006 que "A conservação do meio ambiente não se prende a situações geográficas ou referências históricas, extrapolando os limites impostos pelo homem. A natureza desconhece fronteiras políticas. Os bens ambientais são transnacionais".
>
> 6. Legitimidade ativa do Ibama para ajuizar ação civil pública em defesa da Floresta Amazônica reconhecida Sentença que extinguiu o processo sem julgamento de mérito reformada.
>
> 7. Prosseguimento do julgamento com fundamento no art. 515, § 3º do CPC.
>
> 8. O fato de o réu não ter o domínio sobre a área degradada é juridicamente irrelevante, pois a obrigação de para reparar o dano ambiental,

além de objetiva, é *propter rem*, adere a *res* sendo o possuidor ou detentor o responsável pelo dever de reparar o dano ou indenizá-lo.
9. A fonte da responsabilidade para se reparar o dano ambiental é a prática do ato ilícito e não o direito de propriedade. Preliminar de ilegitimidade passiva do possuidor rejeitada.
10. Compete à Justiça Federal conhecer e julgar ação coletiva ajuizada pelo Ibama para reparação de dano ambiental na Amazônia Legal.
11. Mérito. Restou configurado o dano ambiental consistente no desmate de 224,130 hectares da floresta nativa em área de reserva legal localizada na Amazônia Legal, Município de Ariquemes/RO, razão pela qual o Ibama, em 18.02.2003, em atividade de fiscalização lavrou auto de infração.
12. O desmatamento realizado sem autorização do Ibama, de floresta nativa na Amazônia Legal, para agropecuária, causa dano ambiental material e moral coletivo.
13. **É possível minimizar o impacto da ação antrópica na área destruída, através de elaboração de plano de recuperação de área degradada com apresentação de projeto técnico às expensas do causador do dano.**
14. **O direito à preservação do meio ambiente para a presente e futuras gerações é reconhecido como coletivo ou difuso.**
15. **Os danos ambientais causados pela ação predatória do apelado, atingindo diretamente a flora e indiretamente a fauna, as bacias hidrográficas, o regime de chuvas, o equilíbrio climático, o aumento do processo de aquecimento global, colocando em risco a sobrevivência das espécies, atinge interesses vitais de todas população brasileira e não podem ser desconsiderados.**
16. Conforme procedente do Min. Luis Fux, no eg. Superior Tribunal de Justiça, o dano moral coletivo por destruição da natureza está relacionado ao sofrimento que se impõe à coletividade com as alterações das condições de vida e de sobrevivência na terra.
17. Apelação provida para se declarar o Ibama parte ativa legítima.
18. Prosseguindo o julgamento, com fundamento no art. 515, § 3º, do CPC, julga-se procedente a ação civil pública de reparação de dano ambiental e moral coletivo.[20] (destacamos)

Por último, a tutela inibitória voltada contra a prática do ilícito, também chamada de puramente preventiva, é aquela em que ainda não houve nenhuma violação da norma por parte do sujeito passivo e, por isso mesmo, encontra grandes questionamentos por parte da dou-

20 TRF-1, AC: 3064 RO 2008.41.00.003064-9, Rel.ª Desembargadora Federal Selene Maria de Almeida. Julgamento em: 05.11.2012, Quinta Turma, e-DJF1, p. 101, de 26.11.2012.

trina e dificuldade de aplicação por nossos tribunais. Entretanto, esta é forma mais genuína de tutela inibitória, uma vez que almeja a proteção do direito *per se* e se projeta unicamente para o futuro, sem levar em conta violações passadas da ordem jurídica.

Estas três espécies de tutela inibitória foram delineadas com precisão por Luiz Guilherme Marinoni:

> Como se vê, o problema das três formas de ação inibitória é ligado diretamente à prova da ameaça. Enquanto duas delas – a que visa inibir a repetição e a que objetiva inibir a continuação –, ao se voltarem para o futuro, e assim para a probabilidade da repetição ou da continuação, podem considerar o passado, ou seja, o ilícito já ocorrido, a outra não pode enxergar ilícito nenhum no passado, mas apenas atentar para eventuais fatos que constituam indícios de que o ilícito será praticado.
>
> [...]
>
> Note-se que as três ações se diferenciam na medida em que se distingue o que nelas deve ser provado. Isso não quer dizer, como é óbvio, que a necessidade de ação inibitória possa ser vista de forma diferenciada diante das três hipóteses elencadas. A necessidade de ação inibitória não tem nada a ver com a questão da prova. A dificuldade da prova não pode constituir obstáculo à ação inibitória, seja ela qual for.[21]

No mesmo sentido é o entendimento de Nelson Nery júnior e Rosa Maria de Andrade Nery discorrendo sobre a destinação da tutela inibitória (positiva e negativa), sua eficácia e objetivos:

> Tutela inibitória. Destinada a impedir, de forma imediata e definitiva, a violação de um direito, a ação inibitória, positiva (obrigação de fazer) ou negativa (obrigação de não fazer), ou ainda para a tutela das obrigações de entrega de coisa (461-A CPC) é preventiva e tem eficácia mandamental. Seu objetivo é impedir, de forma direta e principal, a violação do próprio direito material da parte. É providência judicial que veda, de forma definitiva, a prática de ato contrário aos deveres estabelecidos pela ordem jurídica, ou ainda sua continuação ou repetição. O objetivo da inibitória é evitar que o ilícito corra, prossiga ou repita.[22]

---

21 MARINONI, Luiz Guilherme. *Tutela inibitória e tutela de remoção do ilícito*. Jus Navigandi, Teresina, ano 8, n. 272, 5 abr. 2004. Disponível em: <http://jus.com.br/artigos/5041/tutela-inibitoria-e-tutela-de-remocao-do-ilicito>. Acesso em: 05 jan. 2014.

22 NERY JÚNIOR, Nelson; ANDRADE NERY, Rosa Maria de. *Código de processo civil comentado*. 13ª ed. São Paulo: Revista dos Tribunais, 2013, p. 671.

O Tribunal de Justiça de Minas Gerais já vem consolidando entendimento de que, para concessão da tutela inibitória genuína, deve haver comprovação da possibilidade da prática de ato contrário ao Direito.[23]

Desta forma, nota-se que a diferença entre as três espécies de tutela inibitória está ligada mais ao aspecto probatório dos autos do que ao aspecto científico processual. Em outras palavras, todas as três espécies devem ser plenamente aceitas no ordenamento processual, cuja real necessidade deverá ser averiguada em cada caso concreto.

4.3. A relevância da diferenciação entre ato ilícito e evento danoso para a tutela inibitória

A necessidade de uma tutela que antecedesse o dano, de forma a preveni-lo, ocupou os estudiosos do Direito durante longo período. Se este tipo de tutela não servia para reparar um dano, qual seria seu fundamento?[24] A resposta, embora bastante complexa, reside na reelaboração de conceitos, com o fim de distinguir o *ato ilícito* e o *fato danoso*.

A confusão costumeira entre ilícito e dano é reflexo da concepção usual de que o dano constitui a prova da violação de um direito e, entre a ocorrência do ato ilícito e do dano, no plano cronológico, existe certa dificuldade lógica em se identificar o exato momento de ocorrência entre um e outro.[25]

Entretanto, o dano é uma consequência meramente eventual e não necessária do ilícito. Deve-se entender por ilícito qualquer ato contrário ao Direito, sem necessidade de caracterização de dano para sua ocorrência.

---

23 Agravo de instrumento. Tutela inibitória. Possibilidade da prática de ato contrário ao direito não demonstrada. Pedido genérico. Manutenção do indeferimento. Não deve ser deferida a tutela inibitória quando não há clara demonstração sobre a possibilidade da prática do ilícito e ainda a medida é requerida de forma genérica, sem delimitar a extensão da pretensão a ser antecipada (Agravo de Instrumento Cv 1.0702.09.614978-7/001, TJ-MG, 15ª Câmara Cível, Rel. Des. Tiago Pinto. Julgamento em: 11.11.2010, pub. 01.12.2010).

24 MARINONI, Luiz Guilherme. *Tutela inibitória*: individual e coletiva. 4ª ed. São Paulo: Revista dos Tribunais, 2006, p. 40.

25 BENUCCI, Eduardo Bonasi *apud* MARINONI, Luiz Guilherme. *Tutela inibitória*: individual e coletiva. 4ª ed. São Paulo: Revista dos Tribunais, 2006, p. 44.

Estabelecida esta diferenciação, imperioso destacar que a tutela inibitória, cuja finalidade é evitar a prática, continuação ou perpetuação do ilícito e não somente do dano, não está condicionada à demonstração de um dano futuro. Neste liame "*se o ilícito independe do dano, deve haver uma tutela contra o ilícito em si, e assim uma tutela preventiva que tenha como pressuposto apenas a probabilidade de ilícito, compreendido como ato contrário ao direito*".[26] Em outras palavras, se o dano não é elemento constitutivo do ilícito, é perfeitamente possível se pleitear uma tutela inibitória com o fim de cessar um ilícito, sem aludir ao dano, como forma de proteger o direito em sua forma genuína, sem necessidade de reparação.

Evidentemente que, na prática, muitas vezes não se revela possível separar cronologicamente o ilícito do dano e que o dano futuro poderá ser invocado para se comprovar, com maior veemência, a necessidade de uma tutela preventiva. Porém a distinção das terminologias representou significativo avanço e abriu caminho para a configuração de uma tutela realmente preventiva, que se preocupa em evitar a conduta contrária ao Direito.

4.4. A tutela inibitória no plano coletivo

Mesmo antes do advento da Lei da Ação Civil Pública, Barbosa Moreira já alertava para os casos de interesses transindividuais que, quando lesados, assumem grandes proporções sociais, com elevado potencial danoso e não são passíveis de reparação monetária. Veja-se:

> Considere-se por um instante o caso do interesse na sanidade do meio ambiente, ou na preservação das belezas naturais e do equilíbrio ecológico, ou na honestidade das mensagens de propaganda; o do interesse em que não se ponham à venda produtos alimentícios ou farmacêuticos nocivos à saúde, em que funcionem com eficiência os serviços de utilidade pública, prestados pela Administração ou por particulares e assim por diante. Se a Justiça civil tem aí um papel a desempenhar, ele será necessariamente o de prover no sentido de prevenir ofensas a tais interesses, ou pelo menos de fazê-las cessar o mais depressa possível e evitar-lhes a repetição; nunca o de simplesmente oferecer aos interessados o pífio consolo de uma indenização que de modo nenhum os compensaria

---

26 MARINONI, Luiz Guilherme; ARENHART, Sérgio Cruz. *Processo de conhecimento*. 7ª ed. São Paulo: Revista dos Tribunais, 2008, p. 442/443.

adequadamente do prejuízo acaso sofrido, insuscetível de medir-se com o metro da pecúnia.[27]

Entretanto, as preocupações de Barbosa Moreira foram apenas parcialmente atendidas pelo art. 11 da Lei nº 7.347/85, que previu uma das formas de tutela inibitória, qual seja, aquela que visa a cessar a prática do ilícito. A tutela inibitória genuína, não foi abarcada pela norma que, ao referir-se à "*cessação da atividade nociva*" supõe logicamente a existência de um ilícito anterior.[28]

Posteriormente, o art. 84 do Código de Defesa do Consumidor, que tem grande semelhança com o art. 461 do CPC, dispôs em seu *caput* que: "*Na ação que tenha por objeto o cumprimento da obrigação de fazer ou não fazer, o juiz concederá a tutela específica da obrigação ou determinará providências que assegurem o resultado prático equivalente ao do adimplemento*".

Como se pode verificar, o art. 84 do CDC não faz qualquer restrição ao tipo de tutela inibitória, tal como ocorria com o art. 11 da Lei da Ação Civil Pública, motivo pelo qual não há razões para se discutir sobre a viabilidade de uma ação inibitória pura – aquela que visa a evitar o ilícito.

Para que não reste dúvidas sobre o tema, o art. 83 do CDC afirma que "*para a defesa dos direitos e interesses protegidos por este Código são admissíveis todas as espécies de ações capazes de propiciar sua adequada e efetiva tutela*", revelando a verdadeira fonte da tutela jurisdicional adequada.[29]

Tendo em vista a existência de um microssistema de tutela coletiva de direitos, composto fundamentalmente pela Lei da Ação Civil Pública e pelo Código de Defesa do Consumidor, dentre outras, resta pacífico que o art. 84 do CDC sustenta a possibilidade de uma tutela inibitória pura, que vise a evitar o ilícito, independentemente de dano, no caso de violação de direitos difusos, coletivos ou individuais homogêneos.

---

27 BARBOSA MOREIRA, José Carlos. Tutela sancionatória e tutela preventiva. In: *Temas de direito processual*. 2ª Série. São Paulo: Saraiva, 1980, p. 24.

28 MARINONI, Luiz Guilherme. *Tutela inibitória*: individual e coletiva. 4ª ed. São Paulo: Revista dos Tribunais, 2006, p. 93.

29 GRINOVER, Ada Pellegrini; WATANABE, Kazuo; NERY JÚNIOR, Nelson. *Código de defesa do consumidor comentado pelos autores do anteprojeto*. 10ª ed. Rio de Janeiro: GEN-Forense. 2011, p. 87.

A importância da tutela inibitória no plano coletivo revela-se de forma mais acentuada quando analisamos as demandas relacionadas ao meio ambiente. É neste campo que se evidencia a ineficiência da tutela reparatória e a gravidade dos efeitos danosos. "*O que se deseja é deixar clara a insuficiência da tutela ressarcitória, e a importância da tutela inibitória para a efetividade do direito ao meio ambiente*",[30] o qual, afinal, constitui um direito difuso, que deve ser tutelado através de mecanismos próprios de ações coletivas.

4.4.1. A utilização da tutela inibitória nas ações coletivas relacionadas ao meio ambiente sustentável

À medida que crescem as preocupações com a qualidade de vida futura (diretamente ligada ao equilíbrio ambiental), ações de reparação de danos ecológicos e responsabilização dos agentes poluidores ainda não são suficientes para a preservação e manutenção dos ecossistemas, uma vez que, em se tratando de Direito do Ambiente, não se pode admitir que a atuação específica e preventiva do bem jurídico seja substituída pela mera imposição de multa posterior, "*sob pena de admitir-se, implicitamente, uma lógica perversa, que justificaria o cínico 'poluo, mas pago'*".[31]

Não se pode olvidar que, por se tratar de um direito difuso, o alcance do efeito danoso advindo de sua violação pode ser incalculável, tanto no aspecto monetário quanto no ambiental e ainda, na maioria das vezes, irreparável para as presentes e futuras gerações. Para ilustrar esta afirmação basta relembrar o emblemático acidente nuclear de Chernobil[32] no ano de 1986 e, mais recentemente, a tragédia de Fukushima no Japão.[33]

---

30 RODRIGUES, Marcelo Abelha. *Instituições de direito ambiental*. São Paulo: Max Limonad, 2002, p. 143.

31 MARINONI, Luiz Guilherme. *Tutela inibitória*: individual e coletiva. 4ª ed. São Paulo: Revista dos Tribunais, 2006, p. 94.

32 *Vide mais sobre o Acidente Nuclear de Shernobil em: http://www.brasilescola.com/historia/chernobyl-acidente-nuclear.htm, Acesso em: 10 Jan. 2014.*

33 *Vide mais sobre o Acidente Nuclear de Fukushima em: http://revistaplaneta.terra.com.br/secao/meio-ambiente/o-pesadelo-de-fukushima, Acesso em: 10 Jan. 2014*

Imperioso rememorar que o meio ambiente deve ser concebido nos aspectos natural, artificial e cultural, bem como sua inter-relação com a sociedade. Desta forma, constituem exemplos de ações coletivas para tutela inibitória do meio ambiente, aquelas que visem a coibir ou evitar a repetição e/ou perpetuação de qualquer dano (potencial ou consubstanciado) relacionado à preservação das águas, do ar, do solo, da flora e da fauna, bem como da preservação do patrimônio artístico, histórico, turístico, paisagístico e arqueológico.[34]

Como se vê, no plano dos direitos transindividuais relacionados ao meio ambiente, resta mais evidente a importância da utilização da tutela inibitória, já que neste aspecto a tutela meramente reparatória revela-se ineficiente e até mesmo injustificável. Se um direito fundamental transindividual e transgeracional como o direito ao meio ambiente equilibrado só puder receber tutela do Estado-Juiz depois de molestado, esvazia-se de sentido a razão de ser do próprio Direito.

4.4.2. O princípio geral de prevenção como fundamento da tutela inibitória e da tutela inibitória ambiental

Para além das hipóteses legais, é preciso averiguar se o sistema regulatório nacional comporta a existência de um *Princípio Geral de Prevenção* que ampare as tutelas inibitórias atípicas, especificamente aquelas relacionadas à proteção do meio ambiente. Ou seja, para que a tutela inibitória coletiva seja utilizada como forma de proteção do direito fundamental ao meio ambiente sustentável, como se pretende neste trabalho, é preciso fundamentar e justificar a escolha deste procedimento, bem como analisar seus desdobramentos e impactos sociais.

Inicialmente, necessário destacar que a utilização da tutela inibitória, em qualquer área do Direito, implica necessariamente certa ingerência do Estado-Juiz, que adentra a esfera do indivíduo (que pode ser pessoa física ou jurídica) para determinar uma ordem de conduta ou aplicar meios sub-rogatórios que assegurem um resultado prático equivalente. Entretanto, em razão da garantia fundamental prevista

---

34 *Vide* os seguintes acórdãos do TJ-MG sobre tutela coletiva de Direito do Ambiente: AI1.0702.11.048381-6/001, Relª Desembargadora Vanessa Verdolim Hudson Andrade. 1ª Câmara Cível. Julgamento em: 06.11.2013, pub. 19.11.2012; AI 1.0702.11.048911-0/001, Rel. Desembargador Eduardo Andrade, 1ª Câmara Cível. Julgamento em: 20.03.2012, pub. 30.03.2012.

no art. 5º, II, da CF/88,[35] qualquer interferência do Estado nas liberdades individuais necessita de fundamento normativo.

Em busca desta justificativa, observa-se que a Carta Magna prevê, como fundamento, em seu art. 1º, III, a *Dignidade da Pessoa Humana,*[36] o que garantiu não só uma gama de direitos fundamentais e irradiou por todo o ordenamento jurídico, como também consagrou por via reflexa o *Princípio do Acesso à Justiça* diante da simples ameaça a direito,[37] bem como a duração razoável do processo.[38]

Indubitável que o direito de acesso à Justiça assegurado pela Constituição garante não só o acesso ao Poder Judiciário, mas o direito à adequada tutela jurisdicional, e, assim, o direito à técnica processual capaz de salvaguardar os direitos assegurados.[39] Se os direitos tutelados estiverem sendo ameaçados, não seria lógico aguardar sua violação para, só então, impulsionar oficialmente a Justiça em busca de providências.

Perceba-se que o *Princípio Geral de Prevenção* faz-se presente principalmente pela inserção da locução "*ameaça a direito*" na verbalização do Princípio da Inafastabilidade da Jurisdição, o que revela a intenção normativa de resguardar o direito substancial de forma imaculada.

Não se pode olvidar ainda que, no plano infraconstitucional, o legislador prestigiou a tutela preventiva nos casos de proteção da posse

---

35 O art. 5º, II, da CF/88 prevê que: "*Ninguém será obrigado a fazer ou deixar de fazer qualquer coisa senão em virtude de lei*".

36 Sobre a harmonização da Dignidade Humana e o Princípio de Prevenção, do qual resulta a Tutela Inibitória: "*Hoje considera-se integrada em nossa cultura a ideia de que em nada interfere na dignidade da pessoa, ou em sua liberdade de querer ou não querer, qualquer mecanismo consistente na produção, mediante atividades estatais imperativas, da situação jurídica final a que o cumprimento da obrigação de fazer ou de não fazer deveria ter conduzido*" (DINAMARCO, Cândido Rangel. A *reforma da reforma*. 2ª ed. São Paulo: Malheiros, 2002, p. 220).

37 Art. 5º, XXXV, da CF/88: "A *lei não excluirá da apreciação do Poder Judiciário lesão ou ameaça a direito*", também denominado no presente trabalho de *Princípio da Inafastabilidade da Jurisdição*.

38 Art. 5º, LXXVIII, da CF/88: "A *todos, no âmbito judicial e administrativo, são assegurados a razoável duração do processo e os meios que garantam a celeridade de sua tramitação.*"

39 Como veremos no último capítulo, o acesso à Justiça não se resume ao acesso aos tribunais, pois contempla ainda a conciliação, a mediação e arbitragem.

e da propriedade e contra os atos do Poder Público, de maneira que, desmerecer o aspecto preventivo no tocante a direitos indisponíveis seria totalmente incoerente e até mesmo incompatível com o espírito constituinte. No caso de direitos que não podem ser ressarcidos, negar a existência de um *Princípio Geral de Prevenção* que oriente e conduza a tutela jurídica, é o mesmo que negar-lhes vigência e validade, "*é admitir a expropriação desses direitos, transformando-se o direito ao bem em direito ao ressarcimento*".[40]

Sobre a necessidade de adequação do ordenamento jurídico para tutela jurisdicional efetiva, nos ensina Arruda Alvim Neto:

> Vincula-se a ação à indeclinável correspondência da prestação jurisdicional; consequentemente, constituem-se uma e outra – ação e jurisdição – em verdadeiras condições de funcionamento e validade de um ordenamento jurídico. Decorre disto que a impossibilidade de acesso à Justiça equivale ao menos, na medida ou espaço em que isso se verifique, à ausência de ordem jurídica válida e atuante.[41]

Oportuno citar ainda que a Conferência RIO 92 propôs a existência de um *Princípio da Precaução* e sua definição, dada em 14 de junho de 1992, encontra-se descrita a seguir:

> O Princípio da Precaução é a garantia contra os riscos potenciais que, de acordo com o estado atual do conhecimento, não podem ser ainda identificados. Este Princípio afirma que a ausência da certeza científica formal, a existência de um risco de um dano sério ou irreversível requer a implementação de medidas que possam prever este dano.[42]

Para parte da doutrina, o *Princípio da Prevenção* se assemelha ao *Princípio da Precaução*, mas não se confunde com ele, porque sua aplicação se dá nos casos em que os impactos ambientais já são conhecidos,

---

40 MARINONI, Luiz Guilherme. *Tutela inibitória*: individual e coletiva. 3ª ed. São Paulo: Revista dos Tribunais, 2003, p. 77.

41 ARRUDA ALVIM NETO, José Manoel de. *Tratado de direito processual civil*. São Paulo: Revista dos Tribunais, 1990, v. 1, p. 211.

42 GOLDIM, José Roberto. *O princípio da precaução*. Porto Alegre, 11 abr. 2002. p. 1. Disponível em: <http://www.ufrgs.br/bioetica/precau.htm>. Acesso em: 14 jan. 2014.

enquanto a precaução incidiria nos casos apenas de riscos potenciais, quando há incerteza científica sobre o risco.[43]

Em que pese esta diferenciação feita por parte da doutrina, entende-se que tanto a prevenção quanto a precaução resultam da existência de um *Princípio Geral de Prevenção* a nortear e gerenciar toda a atuação normativa, de modo que, na prática, não haveria relevância para a terminologia diferenciada nem resultaria em prejuízos a concepção dos termos como sinônimos.

Diante desses fundamentos, conclui-se pela existência de um *Princípio Geral de Prevenção*, que embora não seja expresso, se faz presente ao longo de vários dispositivos constitucionais, especialmente nas garantias fundamentais de acesso à Justiça, inafastabilidade de jurisdição e duração razoável do processo. Este princípio, por sua vez, fundamenta e justifica a utilização da tutela inibitória, mesmo nos casos não previstos em lei federal, especialmente quando envolver direitos indisponíveis. Por se tratar de direito fundamental transgeracional, ações que visem à garantia do meio ambiente sustentável devem receber tratamento inibitório do Estado-Juiz, uma vez que este tipo de tutela se revela mais adequado e eficiente.

4.4.3. A tutela inibitória coletiva e a imposição de multa coercitiva

Especialmente nas ações coletivas destinadas à tutela preventiva do meio ambiente, o Poder Judiciário utiliza-se da aplicação de multas para assegurar o resultado prático equivalente ao adimplemento e evitar o descumprimento da ordem sentencial nas obrigações impostas através da tutela inibitória, sejam elas positivas ou negativas.

Ao estipular a obrigação que visa a impedir o ilícito, o juiz fixará um prazo para o cumprimento da obrigação e estipulará o valor da multa diária pelo seu descumprimento, multa esta que poderá ser modificada posteriormente caso se revele excessiva ou insuficiente para a finalidade inibitória.[44]

---

43 MACHADO, Paulo Affonso Leme. *Direito ambiental brasileiro*. 18ª ed. São Paulo: Malheiros, 2010, p. 576.

44 Sobre a possibilidade de redução ou majoração da multa aplicada, *vide* as seguintes decisões do TJ-MG: Proc. 1.0557.06.000637-5/004. Des. Rel.

Quanto ao valor da multa a ser fixada, este deverá preencher os requisitos da razoabilidade e proporcionalidade, de modo que não se configure como excessivamente alta, a ponto de se tornar inexequível ou causar o enriquecimento ilícito, nem ínfimo, já que sua finalidade é coibir o agente de praticar o ilícito.

> Ao fixar a multa, o juiz dará prazo para o cumprimento da obrigação. A partir do término do prazo, não cumprida a obrigação, inicia-se o período de incidência da multa. O valor da multa diária por dia de atraso, que tenha sido fixado na decisão ou sentença de conhecimento, quer no processo de execução, pode ser modificado pelo juiz da execução, caso se demonstre estar excessivo ou insuficiente para a sua finalidade inibitória. O valor deve ser significativamente alto, justamente porque tem natureza inibitória. O juiz não deve ficar com receio de fixar o valor em quantia alta, pensando no pagamento.[45]

O objetivo das *astreintes* não é obrigar o réu a pagar o valor da multa, mas obrigá-lo a cumprir a obrigação determinada pelo juiz, cuja natureza e finalidade são inibitórias. Para que possa atingir seu objetivo, o valor deve ser alto a fim de que o devedor sequer cogite descumprir a obrigação específica, como se verifica no julgado a seguir transcrito:

> Processo civil. Tutela inibitória. Obrigação de fazer. Fixação de multa. *Astreinte*. Alteração. Possibilidade. Violação coisa julgada. Inexistência. A tutela inibitória busca impedir, de forma imediata e definitiva, a violação de um direito proveniente de uma obrigação de fazer, de não fazer, ou ainda de uma obrigação para entrega de coisa (arts. 461 e 461-A CPC). Seu objetivo é impedir, de forma direta e principal, a violação do próprio direito material da parte. Para assegurar o resultado prático equivalente ao do adimplemento o juiz poderá determinar aplicação de multa nos termos dos artigos 461 e 461-A do CPC, cujo objetivo não é obrigar o réu ao pagamento do valor fixado, mas obrigá-lo a cumprir a obrigação de forma específica. O valor da multa imposta poderá ser modificado sempre que se demonstrar excessivo ou insuficiente para sua finalidade inibitó-

Osmando Almeida. DJ 18.06.2010; Proc. 1.0024.95.042885-4/002. Des. Rel. Jose Antônio Braga. DJ 03.11.2009; Proc. 1.0024.99.065802-3/001. Des. Rel. Pedro Bernardes. DJ 13.10.2008.

45 NERY JÚNIOR, Nelson; ANDRADE NERY, Rosa Maria de. *Código de processo civil comentado*. 13ª ed. São Paulo: Revista dos Tribunais, 2013, pp. 672-673.

ria, sem que referido ato importe em violação à coisa julgada (Agravo de Instrumento Cv 1.0105.05.158070-9/002. Rel. Des. Generoso Filho. Julgamento em: 31.05.2011. Data da publicação da Súmula: 13.06.2011). TJMG, 9ª Câmara Cível.

Destas considerações extrai-se o entendimento que, em se tratando de tutela inibitória do meio ambiente, quando os prejuízos advindos da conduta arbitrária são de difícil mensuração e reparação pela via monetária, resta evidente a imposição de elevadas multas, principalmente em face do Estado e de empresas de grande porte, a fim de efetivar as medidas alcançadas pela via preventiva.

4.5. Da diferenciação entre tutela inibitória e tutela cautelar

Antes do advento do art. 461 do CPC, cuja redação foi dada pela Lei nº 8.952, de 13.12.1994, quando o autor necessitava de algum tipo de intervenção judiciária preventiva, não havia outra opção que não a utilização de uma ação cautelar. Caso ela fosse deferida, surgia a indagação sobre a necessidade de propositura de uma ação principal e deparava-se com a falsa questão de uma "cautelar satisfativa".

Em razão disto, alimentou-se uma confusão entre os institutos da tutela inibitória e da ação cautelar, que ainda hoje encontram interpretações dúbias, tanto na jurisprudência quanto na literatura especializada.[46]

Investigando-se as bases jurídicas da tutela inibitória, verifica-se que esta é prestada por meio de ação de conhecimento e não se liga instrumentalmente a nenhuma ação que possa ser dita "principal". Trata-se de "ação de conhecimento" de natureza preventiva, destinada a impedir a prática, a repetição ou a continuação do ilícito.[47]

Dessa forma, distancia-se da ação cautelar, a qual é caracterizada por sua ligação com uma ação principal e se presta, essencialmente, a

---

46 Sobre o assunto destaca-se: "*A necessidade de uma tutela jurisdicional preventiva, ao conduzir ao uso da tutela cautelar, fez surgir uma confusão entre tutela cautelar e tutela preventiva e, ainda, uma forma de tutela jurisdicional que atendia, somente em parte e de forma inefetiva, o direito à prevenção*" (MARINONI, Luiz Guilherme. *Tutela inibitória*: individual e coletiva. 4ª ed. São Paulo: Revista dos Tribunais, 2006, p. 68).

47 MARINONI, Luiz Guilherme. *Tutela inibitória*: individual e coletiva. 4ª ed. São Paulo: Revista dos Tribunais, 2006, p. 65.

tutelar a relação jurídico-processual, razão pela qual se trata de uma tutela assecuratória essencialmente precária e/ou provisória.

Vê-se, portanto, que embora a ação cautelar tenha sido utilizada compreensivamente também para buscar a inibição de situações de potencialidade lesivas ao direito até a reforma empreendida aos arts. 287 e 461 do CPC, pela edição das Leis nº 10.444/2002 e nº 8.952/94 (principalmente através de "ações cautelares atípicas"), ela não se confunde com a tutela inibitória.[48]

Observa-se também que a tutela inibitória ostenta um caráter cognitivo e, portanto, hábil a formar coisa julgada material, diferentemente da tutela cautelar que, via de regra, não gera este fenômeno processual, por ostentar caráter essencialmente "coadjuvante" em relação ao processo dito principal. Nesse compasso, especialmente após as reformas do Código de Processo Civil, não há mais justificativa teórica e/ou pragmática a amparar a inibição do ilícito via ação cautelar, conforme se extrai da lição ofertada por Germana Maria Leal de Oliveira:

> Acresce-se neste item outro diferencial marcante entre elas: enquanto a tutela cautelar é instrumental – ou seja, serve à garanta da existência, utilidade e efetividade do provimento jurisdicional último, ligado ao direito substancial em debate – as tutelas inibitória e de remoção do ilícito são autônomas e, pois, satisfativas, não se prestando à salvaguarda de qualquer outro tipo de provimento jurisdicional. Seu escopo é tão somente o de conferir utilidade e efetividade ao direito material em questão e não à relação processual adjacente.[49]

---

48 Sobre o tema: "A *ação cautelar, por outro lado, pelo fato de exigir uma ação principal, também não é adequada para proteger os direitos que dependem da inibição de um ilícito. O direito à inibição de ilícito não pode ser considerado como direito que objetiva uma tutela que seria mero instrumento de outra. Imaginar que a ação inibitória é instrumental e exige a resposta acerca de que tutela ela estaria servindo. Ora, tendo em vista que não como aceitar que o direito à prevenção conduz a uma tutela que pode ser vista como instrumento de outra, é impossível admitir uma ação inibitória rotulada de cautelar, ou mesmo uma ação cautelar "satisfativa" ou 'autônoma', como era chamada antes da reforma de 1994*" (MARINONI, Luiz Guilherme. *Tutela inibitória e tutela de remoção do ilícito.* Jus Navigandi, Teresina, ano 9, n. 272, 5 abr. 2004. Disponível em: <http://jus.com.br/artigos/5041>. Acesso em: 06 jan. 2014).

49 OLIVEIRA, Germana Maria Leal de. Da inadequação da ação cautelar para prestação da tutela inibitória e da remoção do ilícito. *Revista de Dialética de Direito Processual*, n. 24, mar./2005, p. 63.

Não obstante a economia processual e a instrumentalidade das formas recomendem a admissão da fungibilidade entre as tutelas cautelares e antecipatória, certo é que a doutrina e a legislação processual delinearam para cada uma delas funções distintas.

A tutela cautelar tem por finalidade assegurar o cumprimento de um provimento jurisdicional final e pressupõe a existência de um processo principal em trâmite ou a ser proposto, seu objetivo é "*assegurar a permanência ou a conservação do estado das pessoas, coisas e provas, enquanto não atingido o estágio último da prestação jurisdicional*".[50]

Lado outro, a tutela antecipada representa a própria satisfação dos interesses perseguidos pela parte autora na propositura da petição inicial que, em razão de circunstâncias peculiares, serão concedidos pelo juízo antecipadamente, ou seja, antes do processo percorrer o caminho ordinariamente estabelecido. Esta espécie de "salto" no procedimento ocorre em razão da urgência no provimento final e será concedido somente se preenchidos os requisitos do art. 273 do CPC.

À luz desta diferenciação entre tutela inibitória e tutela cautelar, não se justifica mais a utilização das chamadas "cautelares satisfativas" como forma de ação preventiva, visto que o ordenamento jurídico processual prevê a possibilidade de manejo da demanda cognitiva inibitória, com pedido de tutela antecipada, apta a formar coisa julgada material e, portanto, hábil a tutelar adequadamente a situação de direito material posta como potencialmente ameaçada de lesão. Mesmo que boa parte da jurisprudência ainda dê vazão às cautelares ditas satisfativas e ainda que se relevem eventuais distorções técnicas no manejo das ações em face da fungibilidade, há de se primar pelo adequado instrumento de tutela preventiva de direitos.

4.5.1. Da tutela inibitória com tutela antecipada

O instituto da tutela antecipada consiste na antecipação dos efeitos da sentença de mérito, mediante cognição sumária. Para a sua concessão devem concorrer os seguintes requisitos: a) prova inequívoca; b) verossimilhança da alegação; c) iminência de dano irreparável ou de difícil reparação; d) reversibilidade da medida; e) abuso de direito de

---

50 THEODORO JÚNIOR, Humberto. *Curso de direito processual civil*. Rio de Janeiro: Forense, 2002, p. 332. v. II.

defesa; ou f) manifesto propósito protelatório do réu, consoante estabelece o art. 273, *caput*, incisos I e II e § 2º, do Código de Processo Civil.

Assim, para que haja a outorga da tutela antecipada deve estar presente o juízo de verossimilhança fundado em prova inequívoca, que consiste, pois, na demonstração dos fatos articulados na peça vestibular, por intermédio de prova idônea suficientemente forte, capaz de convencer o juiz acerca da verossimilhança das alegações, aliada ao fundado receio de dano irreparável ou de difícil reparação.

Ressalte-se, outrossim, que os referidos requisitos legais são cumulativos, simultâneos e indissociáveis, e devem restar caracterizados concretamente para que haja o deferimento da tutela antecipada. Entretanto, apesar de o dispositivo legal falar em *verossimilhança* e *fundado receio de dano irreparável ou de difícil reparação*, hodiernamente, tais requisitos são identificados com *fumus boni iuris* e *periculum in mora*, que são, na verdade, os requisitos para concessão da tutela cautelar. Vejamos, nos julgados abaixo, quando os termos são utilizados de forma sinônima:

> Agravo de instrumento. Antecipação dos efeitos da tutela. Requisitos. *Fumus boni iuris* e *periculum in mora*. Presentes. Recurso parcialmente provido.
> Nos termos do art. 273 do CPC, o juiz poderá, a requerimento da parte, antecipar, total ou parcialmente, os efeitos da tutela pretendida no pedido inicial, desde que, existindo prova inequívoca, se convença da verossimilhança da alegação e haja fundado receio de dano irreparável ou de difícil reparação ou fique caracterizado o abuso de direito de defesa ou o manifesto propósito protelatório do réu. **Em se verificando a presença do *fumus boni iuris* e do *periculum in mora*, imperiosa a antecipação dos efeitos da tutela** (Agravo de Instrumento 1.0024.13.253262-3/001. Rel. Des. Antônio Sérvulo. Julgamento em: 04.02.2014, pub. 18.02.2014). TJMG, 6ª Câmara Cível. (destacamos).

> Processual civil. Agravo de instrumento. Cautelar incidental. Liminar. Requisitos. Ausência. Desprovimento.
> I – Para se obter a tutela antecipada ou a liminar em Cautelar, cabe à parte convencer ao magistrado, *in liminis*, que o direito lhe assiste, mediante demonstração dos fatos alegados e o perigo de se aguardar o tempo para concessão da tutela definitiva.
> II – Ausentes os **requisitos necessários para deferimento da medida cautelar, quais sejam, o *fumus boni iuris* e o *periculum in mora***, deve ser indeferido o pedido (Agravo de Instrumento 1.0024.13.264993-0/002. **Rel.** Des. Leite Praça. **Julgamento em:** 06.02.2014. **Data da publicação da súmula:** 18.02.2014). TJMG, 17ª Câmara Cível. (destacamos).

Sobre a diferença de terminologia, trazemos a lume a distinção entre antecipação de tutela e tutela cautelar, delineada pelo processualista Daniel Amorim Assumpção Neves:

> Apesar das diferenças nas nomenclaturas, *periculum in mora* e fundado receio de dano representam exatamente o mesmo fenômeno: o tempo necessário para a concessão da tutela definitiva funcionando como inimigo da efetividade dessa tutela. Em outras palavras, tanto na tutela cautelar quanto na tutela antecipada de urgência caberá à parte convencer o juiz de que, não sendo protegida imediatamente, de nada adiantará uma proteção futura, em razão do perecimento de seu direito.[51]

Apesar de, na maioria das vezes, a utilização dos requisitos da tutela antecipada e da tutela cautelar como idênticos não implicar prejuízos às partes, tecnicamente é preciso distinguir os termos, até mesmo para que não se alimente a confusão entre os institutos nem se promovam distorções jurídicas. Por mais que o fundado receio de dano irreparável ou de difícil reparação possa resultar, em última análise, no próprio *periculum in mora*, a verossimilhança de uma alegação deve ir além do *fumus boni iuris*. Em outras palavras, para se obter a tutela antecipada não basta apenas a aparência ou plausibilidade do direito. É preciso um juízo de certeza, além da prova inequívoca, daí por que o Ministro Teori Albino Zavascki fala em "*fumus boni iuris qualificado*":

> Atento, certamente, à gravidade do ato que opera restrição a direitos fundamentais [o direito do réu ao contraditório e à ampla defesa], estabeleceu o legislador, como pressupostos genéricos, indispensáveis a qualquer das espécies de antecipação da tutela, que haja (a) prova inequívoca e (b) verossimilhança da alegação. O *fumus boni iuris* deverá estar, portanto, especialmente qualificado: exige-se que os fatos, examinados com base na prova já carreada, possam ser tidos como fatos certos. Em outras palavras: diferentemente do que ocorre no processo cautelar (onde há juízo de plausibilidade quanto ao direito e de probabilidade quanto aos fatos alegados), a antecipação de tutela de mérito supõe verossimilhança quanto ao fundamento de direito, que decorre de (relativa) certeza quanto à verdade dos fatos.[52]

---

51 NEVES, Daniel Amorim Assumpção. *Manual de direito processual civil*. 2ª ed. São Paulo: GEN/Método, 2010, p. 1.073.

52 ZAVASCKI, Teori Albino. *Antecipação da tutela*. Rio de Janeiro: Saraiva, 1997, pp. 75-76.

Não se pode olvidar ainda que a atual redação do art. 287 do Código de Processo Civil, promovida pelo advento da Lei nº 10.444/2002, representou um grande avanço em termos de efetividade da tutela antecipada e comprovou, mais uma vez, o total descabimento da ação cautelar para se alcançar a tutela inibitória. Discorrendo sobre a abrangência do dispositivo, nos aponta Marinoni:

> O novo artigo 287 mostra de vez por todas a impropriedade absoluta do uso da ação cautelar para obtenção da tutela inibitória antecipada.
> [...]
> Esta nova redação possui grande valor teórico: 1) quebra da ideia de que existem somente três sentenças; 2) torna clara a possibilidade de atividade cognitiva e executiva em razão de uma única ação; 3) evidencia que a tutela preventiva não deve ser prestada por meio de ação cautelar; e 4) admite o uso da multa para compelir a um fazer que pode ser prestado por terceiro. Para o direito à prevenção ser atendido basta apenas uma ação processual, ação esta que, para responder adequadamente à natureza da situação de direito substancial, deve conter necessariamente em seu bojo a tutela antecipatória. Ora, se a situação de direito material a que se visa atender é peculiarizada por uma extrema dificuldade de suportar o tempo do processo de conhecimento, não se pode conferir a ela um procedimento sem tutela capaz de responder sumariamente ao direito.[53]

Superada a questão do descabimento da ação cautelar, resta-nos investigar a aplicabilidade da tutela antecipada na ação inibitória, que deve começar pela análise do art. 461 do CPC.[54]

---

53 MARINONI, Luiz Guilherme. *Tutela inibitória*: individual e coletiva. 4ª ed. São Paulo: Revista dos Tribunais, 2006, p. 69.

54 "Art. 461. *Na ação que tenha por objeto o cumprimento de obrigação de fazer ou não fazer, o juiz concederá a tutela específica da obrigação ou, se procedente o pedido, determinará providências que assegurem o resultado prático equivalente ao do adimplemento.*
§ 1º A obrigação somente se converterá em perdas e danos se o autor o requerer ou se impossível a tutela específica ou a obtenção do resultado prático correspondente.
§ 2º A indenização por perdas e danos dar-se-á sem prejuízo da multa (art. 287).
§ 3º Sendo relevante o fundamento da demanda e havendo justificado receio de ineficácia do provimento final, é lícito ao juiz conceder a tutela liminarmente ou mediante justificação prévia, citado o réu. A medida liminar poderá ser revogada ou modificada, a qualquer tempo, em decisão fundamentada.
§ 4º O juiz poderá, na hipótese do parágrafo anterior ou na sentença, impor multa diária ao réu, independentemente de pedido do autor, se for suficiente ou compatível com a obrigação, fixando-lhe prazo razoável para o cumprimento do preceito.

Pela leitura do parágrafo terceiro resta claro que o autor da ação está autorizado a requerer a tutela antecipada na "*ação que tenha por objeto o cumprimento de uma obrigação de fazer ou não fazer*". Sendo certo que a ação inibitória se funda em uma obrigação (que pode ser positiva ou negativa) e se estabelece sobre os trilhos do art. 461 do CPC, o fundamento para seu pedido de forma antecipada é o próprio § 3º do referido dispositivo. A tutela inibitória coletiva, por sua vez, pode ser antecipada com base no § 3º do art. 84 do CDC que possui o mesmo teor do § 3º do art. 461 do CPC.[55]

Quando nos referimos à tutela antecipada há de se ter em mente uma resposta do Judiciário que deve ocorrer em um tempo menor do que aquele normalmente necessário para o término do procedimento. Como resultado dessa projeção do resultado no tempo, inevitavelmente algumas etapas processuais poderão restar prejudicadas, como por exemplo, a produção de provas e a formação do contraditório.

Em razão de ser a produção de provas um dos principais responsáveis pela demora na prestação jurisdicional, na maioria das vezes admite-se a concessão da tutela antecipada antes que as provas requeridas tenham sido produzidas ou apenas com a prova documental que instruiu o pedido inicial.

O requerente da tutela inibitória deve demonstrar, de plano, a probabilidade de um ato contrário ao Direito e não necessariamente a probabilidade de um dano,[56] embora na prática os dois momentos de

---

§ 5º Para a efetivação da tutela específica ou a obtenção do resultado prático equivalente, poderá o juiz, de ofício ou a requerimento, determinar as medidas necessárias, tais como a imposição de multa por tempo de atraso, busca e apreensão, remoção de pessoas e coisas, desfazimento de obras e impedimento de atividade nociva, se necessário com requisição de força policial.

§ 6º O juiz poderá, de ofício, modificar o valor ou a periodicidade da multa, caso verifique que se tornou insuficiente ou excessiva."

55 MARINONI, Luiz Guilherme. *Tutela inibitória*: individual e coletiva. 4ª ed. São Paulo: Revista dos Tribunais, 2006, p. 188.

56 "*Para a tutela antecipada de remoção de ilícito, basta a probabilidade de o ilícito ter ocorrido, sendo desnecessário demonstrar a probabilidade de ilícito futuro e, muito menos, a probabilidade de dano. É que a probabilidade de o ilícito ter ocorrido configura, por si só, a probabilidade de dano futuro, uma vez que a própria norma de proteção (provavelmente violada) possui o objetivo de evitar danos*" (MARINONI, Luiz Guilherme; MITIDIERO, Daniel. *Código de processo civil*: comentado artigo por artigo. 5ª ed. São Paulo: Revista nos Tribunais, 2013, p. 427).

configuração (do ilícito e do dano) sejam de difícil separação e acabe se demonstrando a probabilidade de ambos. O que deve ficar claro é que a exigência legal é de comprovação apenas da probabilidade do ato ilícito.

Portanto, a utilização da tutela inibitória de forma antecipada não só é permitida pelos mecanismos processuais previstos na legislação processual civil como também se mostra a mais adequada para a prevenção do ilícito, desde que sejam preenchidos os requisitos legais. A tutela antecipada é o instrumento processual que garante a efetividade da ação inibitória em sua finalidade precípua, qual seja, atuar de forma preventiva a fim de assegurar a inviolabilidade do direito.

4.6. Do juízo de ponderação na concessão da tutela inibitória

No Direito italiano, críticos da tutela inibitória a consideravam como mecanismo de constitucionalidade questionável, sob o argumento de que para sua imposição seria necessária uma excessiva limitação da autonomia humana. Sem dúvida, toda obrigação de fazer ou não fazer pressupõe uma imposição por parte do Estado a um particular, seja ele pessoa física ou jurídica. Isso, sem dúvida, implica certa limitação da autonomia privada.

Entretanto, tal limitação é inerente ao convívio em sociedade e à própria noção de Estado. É inquestionável que o exercício das liberdades individuais de cada pessoa encontra limites no exercício dessas mesmas liberdades por outrem e também no bem comum. O exemplo maior de incorporação deste pensamento à ordem jurídica vigente é a consagração do direito fundamental ao meio ambiente equilibrado para as presentes e futuras gerações.

Superadas as críticas de limitação da autonomia humana e das liberdades individuais, deve-se observar que, para a concessão da tutela inibitória com vistas à prevenção do ilícito, o primeiro pressuposto é a provável violação de um direito. Nesse contexto, a prova da ilicitude revela-se indispensável para o acolhimento do pedido, devendo-se observar ainda que a ameaça ao ilícito já é suficiente para aviamento do pleito, caso em que deverá restar comprovado o fundado receio de que tal violação ocorra num futuro iminente.

Apesar da garantia legal de intervenção judicial ante a simples ameaça a direito, a comprovação de provável ilícito futuro demanda prova indiciária, cuja configuração é mais difícil quando a tutela inibitória é voltada para evitar a ocorrência do ilícito. Luiz Guilherme Marinoni delineia esta dificuldade em se comprovar um juízo de probabilidade do ilícito em cada uma das categorias de tutela:

> Problema diverso é o da prova da afirmação de que o ato (admitido como ilícito) será praticado, repetido ou continuará. Quando ato anterior já foi praticado, da sua modalidade e natureza se pode inferir com grande aproximação a probabilidade da sua continuação ou repetição no futuro. Com efeito, a grande dificuldade da ação inibitória está na produção da prova de que um ato será praticado, quando nenhum ilícito anterior foi cometido. Frignani admite que esta é a questão de fundo da ação inibitória (a qual pode ser denominada de inibitória "pura"), ou melhor, um obstáculo contornável para a admissibilidade desta modalidade de tutela. Afirma Frignani que a peculiaridade da tutela inibitória "pura" consiste no fato de que a prova do perigo da prática do ilícito é mais difícil, ao passo que é extremamente árduo valor *ex ante* a idoneidade dos meios utilizados como preparativos ao fim de prática do ilícito.

Por oportuno, vale destacar o seguinte julgado que indeferiu o pedido de antecipação de tutela diante da não comprovação de iminente prática ilícita:

> Agravo de instrumento. Tutela inibitória. Possibilidade da prática de ato contrário ao direito não demonstrada. Pedido genérico. Manutenção do indeferimento. **Não deve ser deferida a tutela inibitória quando não há clara demonstração sobre a possibilidade da prática do ilícito** e ainda a medida é requerida de forma genérica, sem delimitar a extensão da pretensão a ser antecipada (Agravo de Instrumento Cv 1.0702.09.614978-7/001. Rel. Des. Tiago Pinto. Julgamento em: 11.11.2010. Data da publicação da Súmula: 1º.12.2010). TJMG, 15ª Câmara Cível. (destacamos).

Depois de estabelecido o pressuposto de comprovação do dano iminente, é necessária a comprovação de outorga jurisdicional tempestiva e efetiva, afastando-se tanto quanto possível a ocorrência do chamado "dano marginal" ao autor da ação, que advém precisamente da morosidade judiciária. Ou seja, é preciso comprovar que, através dos procedimentos comuns inerentes ao processo de conhecimento, o direito do autor irá perecer e a sentença não alcançará a sua finalidade, motivo pelo qual o provimento final deverá ser deferido antecipadamente.

A caracterização da "ameaça a direito" configura questão ainda bastante complexa, tanto em termos de comprovação pela parte postulante, quanto em termos de aferição pelo juízo. Sobre sua caracterização, a acepção trazida por Celso Ribeiro Bastos e Ives Gandra da Silva Martins:

> Evidentemente que a ameaça nunca poderá ser presumida ou mesmo inferida tão somente a partir de temores subjetivos de quem a invoca. É necessário que ela decorra de indícios objetivos e que assuma a feição de que uma efetiva lesão de direito é iminente, ou, se se preferir, que está embutida na lógica dos eventos em curso.[57]

No mesmo compasso e de forma ainda mais didática, é o sentir de Talamine:

> O interesse processual que justifica sua concessão (inclusive as sanções simultâneas) consiste na "ameaça objetiva e atual" de violação ao direito. "Objetiva" no sentido de que não é qualquer temor, derivado da simples insegurança psicológica do titular do direito, que autoriza a proteção preventiva. "Atual" porque a transgressão deve ser iminente e não prevista para um futuro remoto. O grau de "ameaça" exigido para a concessão da tutela preventiva variará de um caso para outro, conforme a relevância jurídica dos bens a proteger e os sacrifícios que o deferimento da providência puder gerar na esfera jurídica do réu.[58]

Vê-se, portanto, que a locução "ameaça" inserida no Princípio da Inafastabilidade da Jurisdição a amparar a pretensão preventiva, não pode ser interpretada de forma subjetiva nem aleatória. É preciso atender aos requisitos da objetividade e atualidade na comprovação da ameaça, para que um procedimento excepcional e da mais alta relevância não seja banalizado.

Impende destacar, nesse passo, a fungibilidade da tutela inibitória antecipada, que consiste no poder outorgado ao magistrado para conceder a tutela mais adequada à proteção do direito material. Desse modo, o provimento judicial requerido poderá ser modificado pelo jul-

---

57 BASTOS, Celso Ribeiro; MARTINS, Ives Gandra da Silva. *Comentários à Constituição do Brasil*: promulgada em 5 de outubro de 1988. 2ª ed. atual. São Paulo: Saraiva, 2000, p. 183. v. 5.

58 TALAMINI, Eduardo. *Tutela relativa aos deveres de fazer e de não fazer: e sua extensão aos deveres de entrega de coisa* (CPC, arts. 461 e 461-A; CDC, art. 84). 2 ed. São Paulo: Revista dos Tribunais, 2003, pp. 219-220.

gador, a fim de emprestar eficiência e adequação ao julgado, sem qualquer ofensa ao princípio da adstrição da lide aos limites do pedido, por força do disposto nos arts. 461 do CPC e 84 do CPC.

Para consubstanciação do juízo de ponderação na concessão da tutela antecipatória, há de se convir que "*quanto maior o impacto gerado pela antecipação na esfera jurídica dos destinatários do provimento – notadamente do demandado – tanto maior o cuidado na colheita dos elementos formadores da convicção, ainda que (e exatamente por ser) provisória*".[59] No mesmo sentido é o entendimento de Nelson Nery Junior, para quem o fato de ser prevista legalmente a cognição sumária como condição de concessão da tutela antecipada, o juízo de probabilidade da afirmação feita pelo autor deve ser exigido em grau compatível com os direitos analisados.[60]

O magistrado deverá, portanto, permanecer atento e sensível a esta espécie de tutela jurisdicional, a fim de que possa se valer da fungibilidade, da proporcionalidade e do juízo de ponderação na análise dos requisitos da tutela inibitória antecipada, em cada caso concreto, procurando evitar o equívoco de se pretender fazer uma leitura dos pressupostos da inibição (que se projeta para o futuro) a partir da tutela da reparação (que se baseia no dano passado), com a cautela necessária para evitar a banalização do instituto.

---

59 GRINOVER, Ada Pellegrini. Antecipação de tutela no inquérito civil à luz das garantias constitucionais fundamentais do contraditório e da prova "inequívoca". *Revista de Direitos e Garantias Fundamentais*, n. 8, 2010, p. 241.

60 NERY JÚNIOR, Nelson. *Código de processo civil comentado*. 13ª ed. São Paulo: Revista dos Tribunais, 2013, p. 548.

5

Do acesso à Justiça ambiental pelo paradigma da prevenção

5.1. O acesso à Justiça como método de pensamento

A visão instrumentalista do processo, que busca o aprimoramento da prestação jurisdicional através dos mecanismos adequados e eficientes à proteção do direito material, é uma tendência universal que exige um aperfeiçoamento metodológico e uma releitura contextualizada de velhos institutos. Sobre o panorama atual, veja-se a radiografia elaborada por Ada Pellegrini Grinover:

> Ao extraordinário progresso da disciplina não correspondeu o aperfeiçoamento do aparelho Judiciário e da administração da Justiça. A sobrecarga dos tribunais, a morosidade dos processos, seu custo, a burocratização da Justiça, certa complicação procedimental; a mentalidade do juiz, que deixa de fazer uso dos poderes que o Código lhe atribui; a falta de informação e de orientação para os detentores dos interesses em conflito; as deficiências do patrocínio gratuito, tudo leva à insuperável obstrução das vias de acesso à Justiça, e ao distanciamento cada vez maior entre o Judiciário e seus usuários.[1]

Atentos a esta realidade, Cappelletti e Garth coordenaram, no final dos anos 70, em Florença-Itália, um grande projeto de investigação e traçaram o perfil das principais vias de obstrução do acesso à Justiça, analisando-as e apontando um direcionamento para efetivação dos direitos proclamados:

> [...] o recente despertar de interesse em torno do acesso efetivo à Justiça levou a três posições básicas, pelo menos nos países do mundo Ocidental.

---

1 GRINOVER, Ada Pellegrini. *Novas tendências do direito processual*. 2ª ed. São Paulo: Forense, 1990, p. 177.

> Tendo início em 1965, esses posicionamentos emergiram mais ou menos em sequência cronológica. Podemos afirmar que a primeira solução para o acesso – a primeira "onda" desse movimento novo – foi a assistência judiciária; a segunda dizia respeito às reformas tendentes a proporcionar representação jurídica para os interesses "difusos", especialmente nas áreas de proteção ambiental e do consumidor; e o terceiro – e mais recente – é o que nos propomos a chamar de simplesmente "enfoque de acesso à Justiça" porque inclui os posicionamentos anteriores, mais vai muito além deles, representando, dessa forma, uma tentativa de atacar as barreiras ao acesso de modo mais articulado e compreensivo.[2]

Em parceria com outros autores, Boaventura de Souza Santos também definiu o acesso à Justiça:

> **O acesso ao direito e à Justiça é a pedra de toque do regime democrático.** Não há democracia sem o respeito pela garantia dos direitos dos cidadãos. Estes, por sua vez, não existem se o sistema jurídico e o sistema judicial não forem de livre e igual acesso a todos os cidadãos, independentemente de sua classe social, sexo, raça, etnia e religião (destacamos).[3]

Desse modo, o processo passa a ser concebido não apenas como um mecanismo de proteção do direito material, mas ele próprio como verdadeiro direito subjetivo que, por força da Emenda Constitucional nº 45/2004, deve ainda ter duração razoável e dispor de meios que garantam a celeridade de sua tramitação.[4] Certamente, para atingir os objetivos do constituinte, deve-se operar profunda mudança de concepção do Direito, tendo sempre como método de pensamento o acesso e a realização da Justiça. Sobre o novo enfoque necessário, delineia Watanabe:

> [...] a problemática do acesso à Justiça não pode ser estudada nos acanhados limites do acesso aos órgãos judiciais já existentes. Não se trata apenas

---

2 CAPPELLETTI, Mauro. GARTH, Bryant. *Acesso à Justiça*. Tradução de: Ellen Gracie Northfleet, Porto Alegre: Sérgio Antônio Fabris, 1988, p. 31.

3 SOUZA SANTOS, Boaventura; LEITÃO MARQUES, Maria Manuel; PEDROSO, João; LOPES FERREIRA, Pedro. *Os tribunais nas sociedades contemporâneas*: O caso português. Porto: Edições Afrontamento, 1996, p. 483.

4 BATISTA, Cláudia Karina Ladeia. A *proteção ambiental efetiva por meio da prevenção do ilícito*: um estudo da tutela inibitória. Dissertação de mestrado do Centro Universitário Toledo, 2009. Disponível em: <http://dominiopublico.mec.gov.br/download/teste/arqs/cp115111.pdf>. Acesso em: 14 fev. 2014.

> de possibilitar o acesso à Justiça enquanto instituição estatal, e sim de viabilizar o **acesso à ordem jurídica justa**. Uma empreitada assim ambiciosa requer, antes de mais nada, uma nova postura mental. Deve-se pensar na ordem jurídica e nas respectivas instituições, pela perspectiva do consumidor, ou seja do destinatário das normas jurídicas, que é o povo, de sorte que **o problema do acesso à Justiça traz à tona não apenas um programa de reforma como também um método de pensamento** [...] (destacamos).[5]

Reforçando a ideia de acesso à Justiça como meta (ou método) de pensamento é o posicionamento analítico de Bobbio:

> Não adianta só reconhecer direitos ou declará-los formalmente. O mais importante atualmente é como efetivá-los, como garanti-los, evitando-se que sejam violados continuamente. Essa efetivação constitui a problemática do acesso à Justiça**, novo método adotado de pensamento** que oferece à ciência jurídica uma nova dimensão conceitual e impõe uma revisão completa nos modelos clássicos de enquadramento conceitual e metodológico (destacamos).[6]

Neste liame, infere-se que além de uma tendência inerente aos movimentos de acesso à Justiça como meta de pensamento, a ação inibitória de forma antecipada é medida hábil para o manejo da tutela do meio ambiente, especialmente em razão de sua natureza de direito fundamental transgeracional, do alcance dos efeitos danosos (direito difuso) e da impossibilidade de se restabelecer o *status quo* na maioria dos casos.

A salvaguarda do direito à sadia qualidade de vida e à higidez ambiental relaciona-se, portanto, com a eficácia da prestação jurisdicional, que deve ser garantida e facilitada como mecanismo de justiça social,[7] inclusive no que concerne à atuação ostensiva e preventiva do Estado-Juiz.

Tendo em vista todas as considerações acima, não pairam dúvidas sobre a importância dos mecanismos de realização do Direito Processual sob uma perspectiva de acesso à Justiça como método de pensamento, especialmente porque no caso da tutela inibitória am-

---

5 WATANABE, Kazuo. *Acesso à justiça e sociedade moderna*. In: *Participação e processo*. Rio de Janeiro: Revista dos Tribunais, 1988, p. 128.

6 BOBBIO, Norberto. A *era dos direitos*. Rio de Janeiro: Campus, 1992, p. 25.

7 MARINONI, Luiz Guilherme. *Novas linhas do processo civil*. 4ª ed. São Paulo: Malheiros, 2000, p. 22.

biental o acesso genuíno e irrestrito à justiça social e à sadia qualidade de vida do planeta passa, necessariamente, pela materialização de um novo paradigma: o da prevenção.

5.2. O reconhecimento e valorização do caráter inter e multidisciplinar do meio ambiente como desdobramento do projeto constitucional

O enfoque ambiental iniciou seu apogeu a partir da década de 70 do século passado, quando ocorreu a implementação do debate público internacional sobre questões relacionadas à sua preservação e conservação para as gerações futuras.[8] Atualmente, já é possível afirmar que as normas jurídicas relacionadas à matéria passaram a se relacionar não só dentro da própria ciência jurídica, como também se fundiram e incorporaram conceitos oriundos da Biologia, da Engenharia Ambiental e até mesmo da Administração, principalmente no tocante às noções de sustentabilidade e educação ambiental.[9] Com efeito:

> A discussão atual em torno da proteção e efetivação dos direitos, propondo a implantação de novas formas, novos meios de solução de conflitos, é realmente o ponto mais importante para fazer do Direito instrumento legítimo e transformação com justiça da realidade social.[10]

O novo saber ambiental inter e multidisciplinar, capaz de proporcionar a transformação social e salvaguardar o direito fundamental da coletividade ao meio ambiente sustentável, requer da tutela jurisdicional o rompimento com antigos paradigmas conceituais e processuais, que vise, primeiramente, à justiça ambiental. Além disso:

> [...] esta nova racionalidade ambiental deve funcionar como um instrumento integrador das diversas disciplinas que analisam o meio ambiente

---

8 BARROSO, Lucas Abreu. A *obrigação de indenizar e a determinação da responsabilidade civil por dano ambiental*. Rio de Janeiro: Forense, 2006, p. 89.

9 ANTUNES, Paulo de Bessa. *Direito ambiental*. 12ª ed. Rio de Janeiro: Lumen Juris, 2010, p. 657.

10 ALMEIDA, Gregório Assagra de. *Direito material coletivo*: superação da *summa divisio* direito público e direito privado por uma *summa divisio* constitucionalizada, p. 287.

> na interação das transformações socioambientais que, para eles, são decorrentes de uma racionalidade produtiva que estaria em crise. Deve também existir uma estratégia ambiental de desenvolvimento, que incorpora novos conceitos, princípios, valores, normas, ações e relações entre meios e fins, fundada nos princípios do ecodesenvolvimento, da gestão ambiental e do desenvolvimento sustentável além de uma curiosidade epistemológica na busca de um saber ambiental que internaliza as condições da subjetividade e do ser [...].[11]

Evidentemente que, aliada a uma postura preventiva do Estado-Juiz, a causa ambiental demanda ainda a capacitação do indivíduo para o pleno exercício da cidadania, a transmissão de conhecimentos sobre a interdependência dos elementos da natureza e a formação de um espírito crítico motivado para atuação preventiva.[12] Entretanto, apesar de extremamente relevantes, estes elementos são demasiadamente complexos e fogem à estreita esteira deste trabalho, que é a utilização da tutela inibitória como forma de proteção e efetivação do direito fundamental ao meio ambiente sustentável.

Depreende-se, desta forma, que a tendência inter e multidisciplinar da proteção do meio ambiente deve ser sopesada em todos os ramos do conhecimento, uma vez que esta inter-relação se intensifica e se justifica para reforçar a garantia desse direito difuso fundamental, com a finalidade maior de garantir a sadia qualidade de vida e o bem-estar dos jurisdicionados, com os quais se comprometeu o legislador constituinte.

5.3. A tutela inibitória como forma de acesso à Justiça Ambiental

A Constituição vigente consagrou, dentro do Título da Ordem Social, um capítulo específico à temática ambiental e, a partir de 1988, viver num ambiente hígido e ecologicamente equilibrado passou a ser considerado direito fundamental. Desta forma, restou consagrado "*o direito à vida que deve orientar as formas de tutela do meio ambiente; pois é*

---

11 LEFF, Enrique. *Epistemologia ambiental*. Tradução de: Sandra Valenzuela. São Paulo: Cortez, 2002, p. 196.

12 CARVALHO, Isabel Cristina Moura de. Em direção ao mundo da vida; interdisciplinaridade e educação ambiental. *Cadernos de Educação Ambiental*, p. 31-32.

através da tutela da qualidade do meio ambiente que se protege efetivamente a qualidade de vida".[13]

No mesmo sentido é o entendimento de José Afonso da Silva sobre a efetivação do direito fundamental ao meio ambiente sustentável, como condição para o desenvolvimento da sadia qualidade de vida:

> A proteção ambiental, na acepção de direito fundamental, abrangendo a preservação da Natureza em todos os seus elementos essenciais à vida humana e à manutenção do equilíbrio ecológico, visa a tutelar a qualidade do meio ambiente em função da qualidade de vida, um direito fundamental da pessoa humana.[14]

Por óbvio, para alcançar a proteção efetiva do meio ambiente e com isso assegurar a qualidade de vida e desenvolvimento sadio da sociedade, são necessárias medidas de prevenção que devem ser largamente aplicadas pelos particulares e, principalmente, pelo poder público. Dentre essas medidas de prevenção, destaca-se no âmbito judicial, a utilização da tutela inibitória, como único instrumento processual capaz de salvaguardar o direito em abstrato, a fim de se evitar o ilícito (tutela inibitória pura). No caso de o ilícito já ter ocorrido ou estar ocorrendo, a tutela inibitória também será o mecanismo adequado para se evitar a sua continuação ou repetição.

Neste interim, cabe ressaltar que, em caso de risco de danos graves ou irreversíveis, a ausência de certeza científica absoluta não deve servir de pretexto para procrastinar a adoção de medidas efetivas que visem a prevenir a degradação ambiental.[15]

Logo, vê-se que a ação inibitória é consequência necessária do novo perfil do Estado e das novas situações que resguardam o direito substancial ao meio ambiente sustentável. Ou seja, ainda que a sua estruturação dependa de teorização adequada e de correta aplicação pelos tribunais brasileiros, a tutela inibitória mantém estreita relação com os princípios inspiradores da Constituição e com a necessidade

---

13 ANTUNES, Paulo de Bessa. *Direito ambiental*. 12ª ed. Rio de Janeiro: Lumen Juris, 2010, p. 17.

14 SILVA, José Afonso da. *Direito ambiental constitucional*, 5ª ed. São Paulo: Malheiros, 2004, p. 58.

15 MACHADO, Paulo Affonso Leme. *Direito ambiental brasileiro*. 18ª ed. São Paulo: Malheiros, 2010, p. 64.

de se conferir verdadeira atuação judicial preventiva na defesa do meio ambiente.

5.4. A tutela antecipada como instrumento facilitador do acesso à Justiça Ambiental

Como se sabe, sem acesso à Justiça, de pouco vale o mero reconhecimento dos direitos e a instalação de mecanismos legais de proteção. Por isso se diz que o próprio acesso é um direito *charneira*,[16] do qual depende a realização de todos os outros, inclusive a efetivação do direito natural e fundamental que todos possuem de que lhes reconheçam a existência de direitos. Denota-se, assim, que o acesso à Justiça é o direito viabilizador de todos os demais direitos fundamentais.

O acesso aos direitos fundamentais relacionados ao meio ambiente passa, necessariamente, pelo reconhecimento de seu caráter difuso, do alcance incomensurável dos danos ambientais advindos de sua violação e da necessidade de proteção da natureza para as presentes e futuras gerações, sob pena de se comprometer a própria existência da vida no planeta Terra.

Sobre a fundamentalidade do direito ao meio ambiente equilibrado, há de se considerar que não integra o conjunto de valores e objetivos de nossa Constituição criar direitos aos quais não se tenha acesso, nem buscar estabelecer parâmetros do justo que sejam inacessíveis aos seus jurisdicionados, como destaca Sérgio Cruz Arenhart:

> Realmente, repugna a qualquer jurista preocupado e engajado na luta pela efetividade do direito pensar que o Estado satisfaça sua missão de produtor do direito com um paliativo sem qualquer preocupação com o verdadeiro trato que mereceria o direito assegurado. [...]Reconhecer um direito e não lhe dar a tutela adequada é o mesmo que não oferecer tutela ao direito em questão. Eis, hoje, a principal questão que preocupa as mentes dos processualistas, ou seja, a efetividade da tutela dos direitos.[17]

---

16 SANTOS, Boaventura de Sousa. Acesso à justiça. In: *Justiça:* promessa e realidade. Organização AMB. Rio de Janeiro: Nova Fronteira, 1996, p. 405.

17 ARENHART, Sérgio Cruz. A *tutela inibitória coletiva.* São Paulo: Revista dos Tribunais, 2003, pp. 33-34.

Assim, baseando-se na preocupação com a instrumentalidade do processo e com a efetividade da tutela jurisdicional, buscou-se outras formas de tutela que fossem mais aptas a propiciar a proteção do Direito Ambiental, uma vez que as formas de tutela predispostas pela norma processual e consideradas tradicionais seriam insuficientes para a prestação adequada, tempestiva e efetiva do direito posto.

Para vislumbrar este quadro fático, basta rememorar que a função da tutela inibitória ambiental é salvaguardar o direito difuso e que se ela for prestada de forma genuína, irá atuar no sentido de evitar o ilícito e, consequentemente, o dano ambiental. Caso o ilícito já tenha ocorrido, ela irá evitar sua repetição ou perpetuação, a fim de minimizar os danos e reparar, dentro do possível, aqueles já consubstanciados. Isso só será viável, na grande maioria dos casos, se o provimento final for concedido antecipadamente, ante a urgência e relevância do direito tutelado.

Evidentemente que não está a se propor que toda e qualquer ação inibitória seja processada através de tutela antecipada, o que seria temerário e contrário ao Direito. Como medida excepcional que é, a antecipação dos efeitos da tutela jurisdicional só será legítima se atender aos requisitos legais e for capaz de convencer o juízo de forma motivada, objetiva e racional.

O acesso à Justiça Ambiental, na dimensão preventiva aqui proposta, não se resume ao acesso ao processo ou ao acesso ao Poder Judiciário. Trata-se de acesso à via judicial adequada para tutelar direito difuso (via coletiva), à ação pertinente, que é a inibitória do ilícito e à técnica processual apta a salvaguardar as tutelas de urgência, qual seja, a tutela antecipada.

Não haveria qualquer justificativa para uma ação inibitória que se processasse pelo rito ordinário comum, no qual o provimento do apelo somente se concretizasse após longa instrução probatória e superação de todas as etapas processuais previstas no ordenamento. A não utilização da tutela antecipada em demandas ambientais contraria a própria noção de prevenção e esvazia de sentido a atuação judicial.

Diante do exposto, verifica-se que o acesso à Justiça Ambiental não se exaure com a simples garantia de propositura da demanda preventiva. A ação inibitória ambiental estará apta a alcançar a tutela efetiva de direitos difusos quando for tempestiva, adequada e justa e terá na antecipação de tutela um instrumento facilitador de acesso à Justiça Ambiental, quando a gravidade do caso concreto restar demonstrada e o perigo de dano assim o exigir.

5.5. A preferência pela tutela inibitória ambiental

Para solução de conflitos difusos relacionados ao meio ambiente, o juiz haverá de lidar com a complexidade do termo "ameaça" insculpido no art. 5º, XXXV, da CF/88, analisando a verificação dos indícios suficientes que demonstrem, com certo grau de segurança, a probabilidade de ocorrência, repetição ou perpetuação do ilícito.

Na análise da prova, exige-se que a parte que propõe a demanda inibitória possa apontar dados concretos, objetivos e específicos capazes de tornar plausível e justificável seu temor de uma lesão iminente. Embora não se exija a comprovação da provável ocorrência do dano, mas tão somente do ilícito, os possíveis prejuízos sociais advindos da conduta violadora acabam sendo mencionados e mensurados (ainda que superficialmente) pelo demandante, com afã de demonstrar ao Juízo a gravidade do caso concreto, o potencial danoso da conduta ilícita e a provável impossibilidade de se retomar o *status quo ante*.

Os críticos da medida inibitória poderiam supor que esse sistema entrega excessivo poder discricionário ao juiz para decidir a respeito da convicção da presença da ameaça. Entretanto, o legislador, por melhor e mais bem intencionado que seja, não será capaz de prever abstrata e teoricamente todas as circunstâncias e peculiaridades do caso concreto. Desse modo, deve-se recorrer ao prudente juízo do magistrado, cujo convencimento será motivado e a decisão objetivamente fundamentada.[18]

Esta possibilidade de análise crítica dos dados fáticos pelo Juízo, no plano da tutela coletiva, é perfeitamente admissível por meio do art. 84 do Código de Defesa do Consumidor e ainda ensejará a adoção de técnicas de sub-rogação de obrigações em outras que permitam a obtenção do resultado prático equivalente ao do adimplemento da obrigação.[19]

Logo, o pleito inibitório ambiental deve resultar em uma prestação de tutela capaz de solucionar os conflitos sociais de forma pacificadora e assecuratória do direito fundamental difuso à higidez no meio ambiente. Para tanto, a análise jurisdicional deverá levar em conta que

---

18 ARENHART, Sérgio Cruz. *Perfis da tutela inibitória coletiva*. São Paulo: Revista dos Tribunais, 2003, p. 256.

19 WATANABE, Kazuo; NERY JÚNIOR, Nelson. *Código de defesa do consumidor comentado pelos autores do anteprojeto*. 10ª ed. Rio de Janeiro: GEN-Forense, 2011, p. 87.

a eficácia do direito material possui relação direta com a efetividade do processo e que tal direito não poderá ser tutelado somente pela estreita via ressarcitória.

Levando-se em conta, portanto, as prerrogativas conferidas ao juízo pelo art. 84 do CDC, a instrumentalidade do processo e o acesso à Justiça como método de pensamento, é possível afirmar que, nos casos de lide ambiental, a tutela inibitória deve ser aplicada prioritariamente, em razão da magnitude do direito tutelado (direito difuso fundamental e transgeracional), do potencial danoso advindo de sua violação, da impossibilidade de se restabelecer o *status quo ante* na imensa maioria dos casos e, principalmente, da insuficiência da tutela meramente reparatória.

5.6. A dignidade humana coletiva sob a ótica preventiva

Atribui-se a primeira enunciação da dignidade humana ao pensamento de Immanuel Kant. Ele foi pioneiro em reconhecer que ao homem não se pode atribuir valor monetário, justamente em função da sua autonomia enquanto ser racional.[20]

Para Kant, a dignidade é o valor de que se reveste tudo aquilo que não tem preço e, em consequência disso, é totalmente inseparável da autonomia para o exercício da razão prática. É igual à capacidade de cada um de ser um legislador universal: "*Sê uma pessoa e respeita os demais como pessoas*".[21]

Apesar da inegável contribuição da teoria kantiana para o conceito de dignidade humana, ela não se mostrou suficiente para atender à realidade que se descortinava. As duas Grandes Guerras Mundiais, o surgimento de regimes totalitaristas, o Holocausto, o surgimento e deflagração de armas de destruição em massa, a Guerra Fria e os vários casos de genocídio culminaram no reconhecimento constitucional da dignidade humana em todo o mundo.[22] Em razão destes acontecimen-

20 KANT, Immanuel. *Fundamentação da metafísica dos costumes e outros escritos*. Tradução de: Leopoldo Holzbach. São Paulo: Martin Claret, 2004, p. 23.

21 KANT, Immanuel. *Fundamentação da metafísica dos costumes e outros escritos*. Tradução de: Leopoldo Holzbach. São Paulo: Martin Claret, 2004, p. 45.

22 SARLET, Ingo Wolfgang. *Dignidade da pessoa humana e direitos fundamentais na Constituição Federal de 1988*. Porto Alegre: Livraria do Advogado, 2001, p. 51.

tos, a partir da segunda metade do Século XX, a dignidade humana passou a ser difundida e firmou-se como um ponto de consenso entre várias nações, especialmente no meio ocidental, passando a ser inserida em vários documentos e tratados internacionais, Constituições, leis e decisões judiciais.

A evolução do pensamento jurídico, o abandono do positivismo meramente legalista e a adoção de uma hermenêutica voltada para o sentido da norma e dos princípios norteadores do ordenamento, tornaram imperioso reconhecer que conceitos fixistas deveriam ser sucedidos por uma concepção aberta e integrada, capaz de assegurar a existência digna dos cidadãos. Em assim sendo, reconhece-se que a noção de dignidade humana irá variar no tempo e no espaço, sofrendo o impacto da história, da economia, da política e da cultura de cada povo, bem como de circunstâncias ideológicas, a fim de compatibilizar-se com os valores estruturantes da sociedade a que se destina, como bem asseverou Novelino:[23]

> A Dignidade da pessoa humana é um valor supremo que irradia em todo o ordenamento jurídico brasileiro, não sendo cabível ao ordenamento jurídico a definição do seu conteúdo, mas apenas dos meios necessários para sua proteção, promoção e concretização por meio de outras normas jurídicas.

Com o reconhecimento de direitos de terceira dimensão, assim entendidos aqueles ligados à Fraternidade e que tratam de temas referentes ao desenvolvimento, à paz, ao meio ambiente, à comunicação e ao patrimônio comum da humanidade,[24] evidencia-se uma tendência destinada a alargar o conceito de dignidade humana.[25]

A crescente necessidade de proteção do meio ambiente sustentável para as presentes e futuras gerações culminou num retorno à ideia Kantiana de *Legislador Universal* e na noção de *Dignidade Humana Coletiva*. Esta referência à dignidade como parte integrante do corpo

---

23 NOVELINO, Marcelo. *Direito constitucional*. 2ª ed. São Paulo: Método, 2008, pp. 210-211.

24 BONAVIDES, Paulo. *Curso de direito constitucional*. 24ª ed. São Paulo: Malheiros, 2009, pp. 563-569.

25 ALARCÓN, Pietro de Jésus Lora. *O patrimônio genético humano e sua proteção na Constituição Federal de 1988*. São Paulo: Método, 2004, p. 81.

social e que se realiza e materializa na proteção coletiva, foi bem incorporada no conceito de Sarlet, que assim dispôs:[26]

> Temos por dignidade da pessoa humana a qualidade intrínseca e distintiva reconhecida em cada ser humano que o faz merecedor do mesmo respeito e consideração por parte do Estado e da comunidade, implicando, neste sentido, um complexo de direitos e deveres fundamentais que assegurem a pessoa tanto contra todo e qualquer ato de cunho degradante e desumano, como venham a lhe garantir as condições existenciais mínimas para uma vida saudável, **além de propiciar e promover sua participação ativa e corresponsável nos destinos da própria existência e da vida em comunhão com os demais seres humanos, mediante o devido respeito aos demais seres que integram a rede da vida** (destacamos).

Neste sentido, a concepção mais coerente com os princípios e fundamentos constitucionais é aquela que contemple não apenas a dignidade humana em seu aspecto individual e egoísta, mas na sua dimensão coletiva, integrado com os demais cidadãos e com o meio ambiente, a fim de promover a minimização de conflitos, a sadia qualidade de vida, o aperfeiçoamento do Estado Democrático de Direito e a transformação social idealizada pelo constituinte.

Estabelecida esta premissa, não é possível conceber que a dignidade humana coletiva possa se materializar através de uma atuação jurisdicional ambiental meramente reparatória. Evidente que, para a existência digna de todo o corpo social, é necessária uma postura preventiva de todos, nos mais simplórios atos cotidianos, como a economia de água e adoção de práticas de reciclagem. Aos operadores do Direito, obrigatoriamente vinculados aos princípios e regras constitucionais e legais de prevenção, resta a obrigação jurídica e moral de se utilizarem das medidas preventivas para proteção do meio ambiente, cujo exponencial jurídico máximo é a tutela inibitória do ilícito.

5.7. A proteção do meio ambiente e os meios conciliativos de resolução de conflitos

Embora o presente trabalho esteja focado primordialmente na resolução judicial de conflitos coletivos ambientais e nas vantagens do

26 SARLET, Ingo Wolfgang. *Dignidade da pessoa humana e direitos fundamentais na Constituição Federal de 1988*. Porto Alegre: Livraria do Advogado, 2001, p. 62.

procedimento inibitório em relação ao reparatório (com destaque para a utilização da tutela inibitória como instrumento adequado e eficiente para a tutela jurídica do meio ambiente) não se pode olvidar que o paradigma que se pretendeu estabelecer foi o da prevenção, com vistas à proteção do meio ambiente. Em assim sendo, não se pode restringir a atuação preventiva apenas à esfera judicial, sendo necessário mencionar, ainda que de forma breve, os meios extrajudiciais de resolução de conflitos ambientais.

5.7.1. A justiça conciliativa, seus fundamentos e o panorama brasileiro atual

Nos primórdios da civilização, a resolução de conflitos se dava através de heterocomposição e autocomposição mas, paulatinamente, estes instrumentos foram substituídos pelo processo jurisdicional, que representava uma grande conquista da civilização. Entretanto, vemos ressurgir hoje o interesse pelas vias alternativas ao processo, que sejam capazes de evitá-lo ou encurtá-lo, buscando a pacificação social.[27]

Este fenômeno pode ser explicado por vários fatores. Seja pela inacessibilidade ao processo jurisdicional, seja pelo acesso canhestro, fato é que a sua morosidade, a burocratização, a falta de informação sobre direitos e procedimentos, a deficiência e escassez do patrocínio gratuito, quadro de servidores da Justiça totalmente deficitário, mão de obra jurídica desqualificada e desmotivada, ausência de cooperação entre os diferentes setores do aparelho Judiciário, tudo isso leva ao descrédito da Justiça[28] e também "*tem como preocupante consequência a de incentivar a litigiosidade latente, que frequentemente explode em con-*

27 GRINOVER, Ada Pellegrini. *Os fundamentos da justiça conciliativa.* Disponível em: <http://www2.trf4.jus.br/trf4/upload/editor/rbb_ADA%20PELLE.pdf.>. Acesso em: 16 abr. 2014.

28 O Instituto Brasileiro de Opinião Pública e Estatística – IBOPE realizou, em 2011 e 2012, pesquisa que aponta o índice de confiança social do brasileiro em dezoito instituições, dentre estas o Judiciário. O resultado revela o índice de satisfação de 49% com o Judiciário, menor em relação à confiança nos bancos (57%), nas empresas (59%), nos meios de comunicação (65%) e nas igrejas (72%). Pesquisa disponível em: <http://www.ibope.com.br/pt-br/noticias/Documents/ICS_portugues_.pdf>. Acesso em: 18 abr. 2014.

flitos sociais, ou de buscar vias alternativas violentas ou de qualquer modo inadequadas".[29-30]

Sociologicamente, pode-se dizer que devido à alta complexidade estrutural, dimensional e intencional das sociedades atuais, o direito existente e todo o seu sistema revelam-se *normativamente inadequados* e *institucionalmente ineficientes* na absorção dos conflitos sociais,[31] culminando a crise do Direito na crise do próprio homem contemporâneo.

Em meio ao cenário atual, a justiça conciliativa surge não apenas para conferir eficiência e funcionalidade ao aparelho jurisdicional (ajudando a diminuir a sobrecarga dos tribunais), mas também para dar solução a conflitos que frequentemente sequer são apreciados. Além disso, a sentença judicial que estabelece vencedores e vencidos, na maioria das vezes, não pacifica. Revela-se assim, seu fundamento social de pacificação e político de participação e inclusão.[32]

No Brasil, em razão do reconhecimento da importância dos meios extrajudiciais de resolução de conflitos, especialmente da mediação e conciliação, a Resolução nº 125 do Conselho Nacional de Justiça, de 29 de novembro de 2010, instituiu a Política Pública de Tratamento

---

29 GRINOVER, Ada Pellegrini. *Os fundamentos da justiça conciliativa*. Disponível em: <http://www2.trf4.jus.br/trf4/upload/editor/rbb_ADA%20PELLE.pdf.> Acesso em: 16 abr. 2014.

30 Em 2014 operou-se verdadeira onda de "justiceiros", que passaram a amarrar supostos bandidos (em sua maioria menores de idade) em postes de iluminação pública, depois de abominável sessão de tortura pública. *Vide* mais em: <http://noticias.r7.com/rio-de-janeiro/adolescente-suspeito-de-roubo-e-espancado-e-amarrado-nu-em-poste-na-zona-sul-do-rio-03022014>. Acesso em: 16 abr. 2014. <http://veja.abril.com.br/noticia/brasil/assaltante-e-amarrado-a-poste-em-itajai-sc>. Acesso em: 16 abr. 2014. <http://g1.globo.com/mato-grosso-do-sul/noticia/2014/02/homem-e-amarrado-por-vitima-apos-tentativa-de-roubo-em-sidrolandia-ms.html>. Acesso em: 16 abr. 2014. <http://www.brasil247.com/pt/247/bahia247/130593/'Justiceiros'-amarram-homem-sobre-formigueiro.htm>. Acesso em: 16 abr. 2014.

31 CASTANHEIRA NEVES, Antônio. *Digesta*: Escritos acerca do direito, do pensamento jurídico, da sua metodologia e outros. 1ª ed. Coimbra: Edifício Coimbra Editora. 2010, p. 44. v. 3º.

32 GRINOVER, Ada Pellegrini. *Os fundamentos da justiça conciliativa*. Disponível em: <http://www2.trf4.jus.br/trf4/upload/editor/rbb_ADA%20PELLE.pdf.>. Acesso em: 16 abr. 2014.

Adequado de Conflitos,[33] reafirmando inclusive que o acesso à Justiça previsto no art. 5º, XXXV, da Constituição Federal vai além da vertente formal perante os órgãos judiciários e que os meios extrajudiciais constituem instrumentos efetivos de pacificação social, solução e prevenção de litígios.

Com intuito de disciplinar a mediação no Brasil, no ano de 2013, foram elaborados os Projetos de Lei nº 434, do Ministério de Justiça, e 405, do Senado.

Em 11 de dezembro de 2013 houve a aprovação dos supracitados Projetos de Lei pela Comissão de Constituição e Justiça – CCJ, em forma de substitutivo ao PLS nº 517/2011, que tramitava com o PL nº 405/2013 e o PLS nº 434/2013.

Foram aproveitadas as ideias das três propostas no substitutivo, resultando na redação do texto final, datado de 18 de dezembro de 2013, do Projeto de Lei do Senado nº 517, de 2011, na CCJ, que dispõe sobre a mediação entre particulares como meio alternativo de solução de controvérsias e sobre a composição de conflitos no âmbito da Administração Pública.

Entretanto, o PLS nº 517/2011 não apresenta um modelo satisfatório de regulação da matéria por vários motivos. Primeiro, porque já existe o Projeto do novo Código de Processo Civil, que aborda a matéria de forma apropriada e suficiente, ao longo de vários dispositivos.[34] Além disso, pela própria natureza da mediação, método interdisciplinar e flexível, não se recomenda excessiva normatização.

Outro ponto bastante questionável é que o projeto proíbe a mediação nas demandas familiares, que é onde ela apresenta os melhores resultados e se justifica inclusive sobre o aspecto psicológico dos envolvidos. Tal restrição, injustificada e canhestra, vai contra a Resolução

---

33 O inteiro teor da resolução encontra-se disponível em: < http://www.cnj.jus.br/atos-administrativos/atos-da-presidencia/323-resolucoes/12243-resolucao-no-125-de-29-de-novembro-de-2010>. Acesso em: 18 abr. 2014.

34 Os arts. 134 a 144 do PLS nº 166/2010 dispõem sobre a conciliação e a mediação de forma ampla e satisfatória, em abordagem pluri e multidisciplinar, levando em conta a função social de pacificação. O texto completo analisado de forma comparativa com o Código de Processo Civil atual, bem como as alterações legislativas, encontra-se disponível em: <http://www.senado.gov.br/atividade/materia/getPDF.asp?t=84496>. Acesso em: 29 mai. 2014.

nº 125 do CNJ e na contramão da tendência de ampliação do acesso à Justiça e de persecução da pacificação social.

Por último, verifica-se que o PLS nº 517/2011 não contempla a conciliação, centrando-se apenas na mediação, comprovando, mais uma vez, a superioridade do projeto do novo Código de Processo Civil que disciplina e normatiza ambos os institutos de forma adequada.[35]

5.7.2. O termo de ajustamento de conduta como forma de resolução extrajudicial de conflitos ambientais

O Termo de Ajustamento de Conduta (TAC) surgiu no contexto histórico brasileiro, na Constituição de 1988, época em que já haviam se consolidado os conflitos das sociedades de massas e que evidenciava a necessidade de regulamentação dos direitos transindividuais.[36]

Por tal motivo, o art. 48 dos Atos das Disposições Constitucionais Transitórias (ADCT) trouxe a ordem para a elaboração de um Código de Defesa do Consumidor, o qual sobreveio somente em 1990, acrescentando à Lei da Ação Civil Pública, por meio de seu art. 113, o art. 5º, § 6º, que prevê o TAC.[37]

Com o avançar dos anos e do pensamento jurídico, o instrumento ganhou cada vez mais espaço na prática dos operadores do Direito e vem sendo utilizado na tutela dos direitos transindividuais, especialmente pelo Ministério Público que, por ter a legitimidade necessária para instaurar o Inquérito Civil, possui maior facilidade para propor,

---

35 Essas e muitas outras críticas ao PLS nº 517/2011 são abordadas no Parecer Crítico elaborado por Águida Arruda Barbosa, Fernanda Tartuce e Valeria Ferioli Lagrasta Luchiari, encomendado por deliberação da Comissão de Estudos de Direito de Família e das Sucessões do Instituto dos Advogados de São Paulo – Iasp, que foi gentilmente cedido pela Dra. Ada Pellegrini Grinover para incorporação na pesquisa.

36 Embora a arbitragem também integre a justiça conciliativa como uma forma de heterocomposição, ela não será abordada neste trabalho, uma vez que o tema suscita grande discussão sobre sua aplicabilidade pelo Poder Público.

37 Antes disso, pode ser apontado como precursor do TAC o art. 55, parágrafo único, da antiga Lei dos Juizados de Pequenas Causas (Lei nº 7.244/84), que assim dispunha: "*Valerá como título executivo o acordo celebrado pelas partes, por instrumento escrito, referendado pelo órgão competente do Ministério Público.*"

como o próprio nome diz, um ajuste na conduta violadora, identificada no procedimento inquisitivo antecedente.[38]

Entretanto, a natureza jurídica do TAC constitui ponto de grande divergência na doutrina. Para a corrente que parece ser majoritária, o termo de ajustamento não é acordo, pois não se está diante de uma negociação. Trata-se apenas do reconhecimento, ainda que tácito, da ilicitude de sua conduta e a promessa de adequação à lei, como demonstrado no ensinamento de José dos Santos Carvalho Filho:

> Podemos, pois, conceituar o dito compromisso como sendo **o ato jurídico pelo qual a pessoa, reconhecendo implicitamente que sua conduta ofende interesse difuso ou coletivo, assume o compromisso de eliminar a ofensa através da adequação de seu comportamento às exigências legais.** A natureza jurídica do instituto é, pois, a de ato jurídico unilateral quanto à manifestação volitiva, e bilateral somente quanto à formalização, eis que nele intervêm o órgão público e o promitente (grifo do autor).[39]

Comunga de igual pensamento Carlos Roberto de Castro Jatahy, que ainda ressalta a indisponibilidade dos direitos coletivos ou difusos por parte dos legitimados:

> Segundo doutrina majoritária no Direito brasileiro, não se trata de nenhum acordo, até porque não se pode admitir que o Ministério Público, na defesa de interesses difusos e coletivos, realize transação com o causador do dano e ceda parcela de um interesse que é público. Os legitimados não têm disponibilidade do direito material lesado.

Entretanto, em que pese a indisponibilidade dos direitos difusos, especialmente o meio ambiente, os legitimados para propositura do TAC gozam de certa discricionariedade quanto ao tempo, forma e ao modo mais adequado para o cumprimento da obrigação.[40]

---

38 PINHEIRO PEDRO, Fernando Antônio. *Desvendando o termo de ajustamento de conduta*. Disponível em: <http://ultimainstancia.uol.com.br/conteudo/colunas/66485/desvendando+o+termo+de+ajustamento+de+conduta.shtml.>. Acesso em: 19 abr. 2014.

39 CARVALHO FILHO, José dos Santos. *Ação civil pública*: comentários por artigo (Lei nº 7.347, de 24.7.85). 7ª ed. Rio de Janeiro: Lumen Juris, 2009, p. 222.

40 Neste sentido: "*O tomador do compromisso de ajustamento, em troca da obrigação assumida por parte do causador do dano, não pode dispensar, renunciar ou mitigar*

Além disso, é preciso observar que a natureza jurídica do TAC irá influir diretamente nos efeitos da coisa julgada material, o que não parece estar sendo mensurado por aqueles que rejeitam a ideia de transação, como a seguir se demonstrará.

Primeiramente, as transações são concebidas como "*negócios jurídicos bilaterais, através dos quais as partes fazem concessões mútuas a fim de prevenir ou fazer cessar as obrigações litigiosas ou duvidosas*".[41] Uma vez que a transação é uma forma indireta de acabar com a obrigação, seus efeitos são equivalentes a aqueles produzidos por uma decisão jurisdicional, ou seja, faz coisa julgada entre as partes.[42] É justamente este o ponto de relevância para se reconhecer a natureza jurídica de transação do TAC.

Imagine-se, por um instante, que uma empresa tenha realizado um TAC com o Ministério Público de determinada localidade, comprometendo-se a ajustar sua conduta aos termos da lei, fixando-se modo, tempo e forma adequados para o cumprimento das obrigações assumidas por parte do ente privado. Entretanto, alguns meses depois da formalização do TAC, quando todas as obrigações estão sendo cumpridas pela empresa, exatamente como previsto no TAC, outro legitimado resolve ingressar com uma Ação Civil Pública **pelos mesmos fatos já discutidos no TAC**, simplesmente por considerar que o TAC já celebrado não era satisfatório. Este tipo de conduta geraria enorme insegurança jurídica e na prática acabaria com o instituto. Quem irá assinar TAC se não tiver garantias futuras de que não será duplamente penalizado pelos mesmos atos?

Justamente para evitar este tipo de problema é que se deve reconhecer o Termo de Ajustamento de Conduta como uma transação apta a formar a coisa julgada material (se homologado judicialmente) ou a preclusão administrativa (se não for homologado judicialmente)

---

outras obrigações legais do compromitente; pode, entretanto, estipular ***termos e condições de cumprimento*** *das obrigações (modo, tempo, lugar etc.)*" (MAZZILLI, Hugo Nigro. *O inquérito civil*: investigações do Ministério Público, compromissos de ajustamento e audiências públicas. 3ª ed. São Paulo: Saraiva, 2008, p. 310).

41 DINIZ, Maria Helena. *Curso de direito civil brasileiro*. 18ª ed. São Paulo: Saraiva, 2003, p. 313. v. II.

42 GRINOVER, Ada Pellegrini. *Lago Agrio Litigation and International Arbitration*. Parecer jurídico fornecido pela autora.

de modo a impedir a propositura de outro TAC ou de uma Ação Civil Pública pelos mesmos fatos já contemplados no documento primeiro.

O TAC, portanto, é um ato jurídico bilateral, com natureza jurídica de transação,[43] pelo qual as partes chegam a um consenso sobre o tempo, o modo e a forma de cumprimento da obrigação assumida. Por um lado, o agente violador da norma assume o compromisso de reparar, mitigar ou compensar a ofensa, eliminar ou reduzir o risco, através da adequação de seu comportamento às exigências legais, mediante a formalização de termo com força de título executivo extrajudicial e produzindo entre as partes o efeito de coisa julgada material (se homologado) ou a preclusão administrativa (se não for homologado judicialmente).[44]

Em matéria ambiental, é possível verificar que por intermédio do TAC, evita-se a Ação Civil Pública e, em alguns casos é possível promover a proteção deste direito difuso de modo mais econômico e eficiente para o Poder Público do que pela via judicial, uma vez que eventual Ação Civil Pública, além de contribuir para a sobrecarga do Judiciário, também estará irremediavelmente submetida a todos os obstáculos de acesso à Justiça já mencionados.

A Procuradora Regional da República da 3ª Região, Dra. Geisa de Assis Rodrigues, por ocasião do XII Congresso Brasileiro do Ministério Público do Meio Ambiente –Abrampa afirmou que "*em toda a investigação de lesão ao meio ambiente e ao patrimônio cultural deve-se reservar um momento para se refletir sobre a possibilidade da composição*".[45]

Desse modo, o Termo de Ajustamento de Conduta surge como importante ferramenta de resolução de conflitos ambientais, que será celebrado nos autos de um inquérito civil público ou de um procedimento administrativo, com força de título executivo e que não exclui ou limita uma intervenção judicial posterior diante de fatos novos.

---

43 GRINOVER, Ada Pellegrini. *Da natureza jurídica do TAC*: transação. Texto fornecido pela autora.

44 FINK, Daniel Roberto. Alternativas à ação civil pública ambiental: reflexões sobre as vantagens do termo de ajustamento de conduta. In: Édis Milaré (Coord.). *Ação civil pública – Lei n. 7.347/1985 – 15 anos*. 2ª ed. São Paulo: Revista dos Tribunais, 2002, pp. 119/120.

45 Resumo da apresentação disponível em: <http://www.abrampa.org.br/eventos_anteriores/congresso_brasilia/resultados/doc/Geisa.pdf>. Acesso em: 19 abr. 2014.

Noutro giro, observa-se que o ajuste de conduta permite também outra forma de materialização do princípio da prevenção,[46] visto que é uma solução célere ao problema ambiental, constituindo-se em valioso instrumento de que deve se valer a sociedade interessada em evitar ou mitigar danos ao meio ambiente ou solucionar/prevenir conflitos de ordem ambiental que afetem o licenciamento ou desenvolvimento de atividades produtivas, tendo-se como embasamento a sustentabilidade.

Além de desafogar o Judiciário, se utilizado adequadamente, este meio extrajudicial de resolução de conflito ambiental poderá imprimir rapidez e eficiência à causa ambiental, contribuindo para materialização do princípio de prevenção e o acesso à Justiça Ambiental.

---

46 Ao analisar a teologia do TAC, Geisa de Assis Rodrigues ressalta que "*a possibilidade de o ajuste 'antecipar-se à sentença de cognição' existe justamente para ampliar esse seu atributo preventivo*". RODRIGUES, Geisa de Assis. *Ação civil pública e termo de ajustamento de conduta*: teoria e prática. Rio de Janeiro: Forense, 2002, p. 116.

6

Conclusão

Acontecimentos marcantes do último Século, como as duas Grandes Guerras, ascensão e queda de regimes totalitaristas, deflagração de armas de destruição em massa, polarização e tensão mundial, genocídios e conflitos étnicos e raciais múltiplos, inauguraram uma nova ordem caracterizada pela preocupação com a paz mundial e o respeito à dignidade humana. Além disso, a própria evolução do Estado Liberal ao Estado Social e a superação do positivismo meramente legalista culminaram no reconhecimento dos direitos de terceira dimensão, relacionados à fraternidade e à solidariedade.

Esses direitos, de cunho essencialmente transindividual, relacionam-se, dentro outros, ao meio ambiente equilibrado, ao desenvolvimento sustentável e à proteção do patrimônio artístico e cultural para as presentes e futuras gerações.

No plano nacional, o reconhecimento dos direitos de terceira dimensão e a evolução da legislação interna refletiram diretamente na ordenação de um microssistema coletivo de direitos, composto principalmente pela Lei da Ação Popular, pela Lei da Ação Civil Pública e pelo Código de Defesa do Consumidor[1] que, apesar dos avanços paulatinos ainda se encontram em fase de acomodação em nosso ordenamento jurídico. Desta forma, o processo coletivo constitui-se como um ramo autônomo do Direito Processual, com princípios, institutos e fundamentos peculiares, que são alcançados mediante mecanismos próprios e carecem de reconhecimento para sua melhor aplicação.

1 Também compõem o microssistema coletivo de direitos: a Lei nº 7.853/89, que trata da defesa dos investidores do mercado de valores imobiliários; a Lei nº 8.069/90 (Estatuto da Criança e do Adolescente); a Lei nº 8.429/92 (Improbidade Administrativa), a Lei nº 8.884/94 (Lei Antitruste), a Lei nº 8.974/95, que trata da proteção à vida e à saúde do homem, dos animais, das plantas e do meio ambiente e a Lei nº 10.741/2003 (Estatuto do Idoso).

Sobre os direitos transindividuais, verificou-se que mesmos são tutelados coletivamente e dividem-se em: *essencialmente coletivos* e *acidentalmente coletivos* (direitos individuais tratados coletivamente). No primeiro grupo estão incluídos os direitos *difusos* e os *coletivos stricto senso*.

Os direitos *difusos* se caracterizam, no plano subjetivo, pela indeterminação do sujeito e inexistência de relação jurídica base e, no campo objetivo, pela indivisibilidade do bem jurídico tutelado.

Os direitos *coletivos stricto senso* merecem um esclarecimento terminológico. Embora sejam utilizados frequentemente para se referir a direitos *transindividuais*, ou seja, aqueles que excedem a esfera individual para pertencer a uma coletividade, estes são o gênero enquanto aqueles são a espécie.

Os direitos *coletivos stricto sensu* nasceram da ideia de associação e junção de interesses comuns e dizem respeito a grupo, classe ou categoria. Embora em um primeiro momento não sejam determinados, são passíveis de determinação em razão da existência de uma relação jurídica base, que pode se estabelecer entre os seus titulares ou com a parte contrária.

Lado outro, os direitos *individuais homogêneos* são direitos individuais que recebem tratamento coletivo apenas para fins de tutela, em razão da homogeneidade e da origem comum. Para sua caracterização é necessário uma pluralidade de pessoas, atingidas de forma semelhante por um acontecimento comum, embora não se exija que esta lesão seja decorrente de um único fato nem que atinja igualmente todos os sujeitos. Diferentemente dos difusos e coletivos *stricto sensu*, os direitos *individuais homogêneos* são divisíveis, seus titulares perfeitamente identificáveis e não há necessidade de uma relação jurídica base.

Foi constatado que os direitos *individuais homogêneos* recebem tratamento coletivo com o intuito de prestigiar a isonomia (evitando-se decisões contraditórias em diferentes jurisdições), a celeridade e o acesso à Justiça, pois com uma única ação coletiva o Poder Judiciário consegue atender inúmeros jurisdicionados de forma mais ágil e eficaz.

Feitas estas considerações sobre o microssistema coletivo brasileiro, foi possível aferir que o meio ambiente, enquanto direito difuso, deve receber tratamento coletivo, em razão da adequação e dos inúmeros benefícios do procedimento.

No que concerne à tutela do meio ambiente no Brasil, vimos que a partir do Código Civil de 1916 foram inseridos os primeiros dispositivos de proteção ambiental, mas que seu objetivo era nitidamente individual e com vistas à proteção do direito de propriedade. A verdadeira mudança de paradigma só se operou a partir da Constituição de 1988 que, inspirada pelo *despertar ecológico* que se espalhou pelo globo após a Conferência de Estocolmo, inseriu a própria noção de sustentabilidade no texto constitucional.

Vimos também que o meio ambiente ganhou capítulo próprio no texto constitucional e foi elevado à condição de Direito Fundamental e que o objeto da tutela jurídica não é apenas o meio ambiente, mas o meio ambiente sustentável, capaz de proporcionar bem-estar e sadia qualidade de vida aos jurisdicionados.

Pela investigação do objeto foi possível aferir que a proteção ambiental refletida em nosso texto constitucional é resultado mais de uma preocupação egoísta da sociedade com sua qualidade de vida do que de uma consciência ecológica. Na realidade, ainda agimos como se os recursos naturais fossem infinitos e estivessem todos à disposição da humanidade. A geração atual, apesar de caminhar para essa direção, ainda não é capaz de se conceber como parte integrante da natureza e estabelecer uma relação harmônica. Nossa atitude assemelha-se à de uma parasita que, apenas por conveniência, estima prolongar a vida de seu hospedeiro.

Por se tratar de um direito difuso, não suscetível de apropriação por quem quer que seja, a tutela jurisdicional do meio ambiente deverá ser prestada preferencialmente pela via coletiva, através de mecanismos próprios capazes de assegurar a defesa judicial dos direitos de todos. São eles: Ação Direita de Inconstitucionalidade de Lei ou Ato Normativo, Ação Direita de Inconstitucionalidade por Omissão, Ação Civil Pública, Ação Popular, Mandado de Segurança Coletivo e Mandado de Injunção.

Com relação à tutela jurisdicional verificou-se que, durante muito tempo, a tutela reparatória atendeu aos anseios liberais, mas ela se mostrou insuficiente para resolver questões relacionadas a direitos indisponíveis, notoriamente os relacionados ao meio ambiente. Por se tratar de um direito difuso, é praticamente impossível mensurar precisamente os danos perpetrados, os titulares atingidos e, na maioria dos casos, não é possível restabelecer o estado anterior à lesão.

Por outro lado, a tutela inibitória, fruto das concepções do Estado Social que buscava uma democracia substancial e concebia o direito processual como forma de realização do direito material, criou a possibilidade de se tutelar o direito em abstrato, imaculado, resguardando-o contra possível violação. Esta possibilidade de atuação no sentido de evitar o dano, ante a "ameaça a direito" operou verdadeira revolução jurídica e demonstrou sua superioridade em relação à tutela meramente reparatória.

A tutela inibitória tem como seu fundamento maior o Princípio da Inafastabilidade da Jurisdição, insculpido no art. 5º, XXXV, da CF/88, que assegura a inviolabilidade de direitos, resguardando-os contra ameaça de lesão e garantindo a apreciação pelo Judiciário. Infraconstitucionalmente, o art. 12 do Código Civil e o art. 461 do Código de Processo Civil também fundamentam a tutela inibitória.

A tutela inibitória pode se consubstanciar em um dever de abstenção (tutela inibitória negativa) e também em uma obrigação de fazer (tutela inibitória positiva). Em que pese a existência de divergência doutrinária e a maior incidência de aplicação de ordens judiciais de não fazer, é perfeitamente possível a tutela inibitória positiva, como, por exemplo, o pedido de instalação de um filtro em determinada indústria, para fazer cessar a poluição do ar atmosférico.

A tutela inibitória se divide em três tipos: para evitar a repetição do ilícito, para evitar a continuação do ilícito e para remoção do ilícito.

A primeira forma resta caracterizada quando o responsável já descumpriu previamente a legislação e por isso existem fortes indícios de que venha a violar a norma novamente. A segunda, quando ocorre um ato continuado de descumprimento da legislação e a terceira quando ainda não houve nenhuma violação da norma, mas existem elementos objetivos que comprovem iminência do ilícito.

Baseada na classificação dos três tipos de tutela inibitória constata-se que a finalidade da tutela inibitória é evitar a prática, continuação ou perpetuação do ilícito.

A diferenciação entre ato ilícito e evento danoso é de suma importância para compreensão da tutela inibitória. Deve-se entender por ilícito qualquer ato contrário ao Direito. Já o dano é uma consequência meramente eventual e não necessária do ilícito. Ressalta-se que o dano não é elemento constitutivo do ilícito e que a tutela inibitória se presta a combater o ilícito e não necessariamente o dano.

Portanto, é possível o ajuizamento de uma ação inibitória sem fazer qualquer alusão ao dano, comprovando-se apenas a ocorrência do ilícito, embora na prática, muitas vezes não seja possível separar cronologicamente o momento de configuração de cada um.

No plano coletivo, a importância da tutela inibitória revela-se de forma mais acentuada quando analisamos questões relacionadas ao meio ambiente, ante a insuficiência da tutela reparatória e o alcance da prestação jurisdicional. Se um direito fundamental transindividual e transgeracional como o direito ao meio ambiente equilibrado só puder receber tutela do Estado-Juiz depois de molestado, esvazia-se de sentido a razão de ser do próprio Direito.

No plano infraconstitucional, percebeu-se que o legislador prestigiou a forma preventiva para proteção da posse e da propriedade e contra os atos do Poder Público, de modo que, desmerecer o aspecto preventivo no tocante a direitos indisponíveis, como o meio ambiente, seria totalmente incoerente e incompatível com o espírito constituinte.

Restou comprovada a existência de um Princípio Geral de Prevenção que, embora não seja expresso, faz-se presente ao longo de vários dispositivos constitucionais e legais, especialmente nas garantias fundamentais de acesso à Justiça, inafastabilidade da jurisdição e duração razoável do processo. Estes princípios, por sua vez, fundamentam e justificam a utilização da tutela inibitória, especialmente quando envolver a questão ambiental, por ser este tipo de tutela a que se revela mais adequada e eficiente.

Com relação à fixação de *astreintes*, seu objetivo não é obrigar o réu a pagar o valor da multa, mas obrigá-lo a cumprir a obrigação determinada pelo juiz, cuja natureza é inibitória. Para atingir sua finalidade, o valor deve ser suficientemente alto, a fim de que o devedor sequer cogite descumprir a obrigação específica.

Ponto de controvérsia na doutrina e na jurisprudência, a diferenciação entre tutela inibitória e tutela cautelar faz-se necessária para correta aplicação dos institutos e para que se evite distorções jurídicas e prejuízos para os envolvidos.

A tutela inibitória é prestada por meio de ação de conhecimento, destinada a impedir a prática, repetição ou continuação do ilícito e não se liga instrumentalmente a nenhuma ação dita principal. Ao contrário, a ação cautelar é caracterizada por sua ligação com uma ação principal e se presta a tutelar futura relação jurídico-processual, motivo pelo qual se constitui em tutela precária e/ou provisória.

À luz desta diferenciação, não se justifica a utilização das "cautelares satisfativas" como forma de ação preventiva, visto que o ordenamento jurídico processual prevê a possibilidade de manejo da demanda cognitiva inibitória, com pedido de tutela antecipada, apta a formar a coisa julgada material e, portanto, hábil a tutelar adequadamente a situação de direito material potencialmente ameaçada de lesão.

Mesmo que boa parte da jurisprudência ainda dê vazão às cautelares ditas satisfativas e ainda que se relevem eventuais distorções técnicas no manejo das ações inibitórias e cautelares em face da fungibilidade, há de se primar pelo adequado instrumento de tutela preventiva de direitos, que é a ação inibitória.

O § 3º do art. 461 do CPC, que possui o mesmo teor do § 3º do art. 84 do CDC, fundamenta a possibilidade de antecipação de tutela da ação inibitória, cujos requisitos estão elencados no art. 273 do CPC.

A utilização da tutela inibitória de forma antecipada não só é permitida pelos mecanismos processuais previstos na legislação processual civil como também se mostra a mais adequada para evitar a ocorrência, a continuação ou a repetição do ilícito, desde que sejam preenchidos os requisitos legais.

A tutela antecipada é o instrumento processual que garante a efetividade da ação inibitória em sua finalidade precípua, qual seja, atuar de forma preventiva a fim de assegurar a inviolabilidade do direito.

Apesar das evidentes vantagens da ação inibitória, é necessário um juízo de ponderação na sua análise, principalmente quando se tratar da tutela inibitória para evitar o ilícito. A locução "ameaça" inserida no Princípio da Inafastabilidade da Jurisdição a amparar a pretensão preventiva, não pode ser interpretada de forma subjetiva nem aleatória.

O magistrado deverá, portanto, permanecer atento e sensível a esta espécime de tutela jurisdicional, a fim de que possa se valer da fungibilidade, da proporcionalidade[2] e da motivação racional para analisar os requisitos da tutela inibitória antecipada, em cada caso concreto, procurando evitar o equívoco de se pretender fazer uma leitura dos pressupostos da inibição (que se projeta para o futuro) a partir da tutela da reparação (que se baseia no dano passado), mas com a cautela necessária para evitar a banalização do instituto.

---

2 Em uma abordagem singela, a proporcionalidade pode ser entendida como um princípio constitucional implícito que é utilizado para solução de casos em que se identifique colisão de princípios e pressupõe uma ponderação dos valores em apreço, em busca do equilíbrio entre os meios empregados e os fins a serem alcançados (GRINOVER, Ada Pellegrini. Texto fornecido pela autora).

No que concerne ao acesso à Justiça Ambiental sob a ótica preventiva, restou provado que a salvaguarda do direito à sadia qualidade de vida e à higidez ambiental relaciona-se com a eficácia da prestação jurisdicional, que deve ser garantida e facilitada como mecanismo de justiça social.

Verificou-se também a importância dos mecanismos de realização do Direito Processual sob uma perspectiva de "acesso à Justiça como método de pensamento", especialmente porque no caso da tutela inibitória ambiental o acesso genuíno e irrestrito à sadia qualidade de vida do planeta passa, necessariamente, pela materialização de um novo paradigma: o da prevenção.

Foi destacado ainda o caráter inter e multidisciplinar da proteção do meio ambiente, uma vez que esta inter-relação se intensifica e se justifica para reforçar a garantia desse direito difuso fundamental.

Para alcançar a proteção efetiva do meio ambiente e com isso assegurar a qualidade de vida e desenvolvimento sadio da sociedade, são necessárias medidas de prevenção que devem ser largamente aplicadas pelos particulares e, principalmente, pelo Poder Público. Dentre essas medidas de prevenção, destaca-se, no âmbito judicial, a utilização da tutela inibitória, como único instrumento processual capaz de salvaguardar o direito em abstrato, a fim de se evitar o ilícito (tutela inibitória pura). No caso de o ilícito já ter ocorrido ou estar ocorrendo, a tutela inibitória também será o mecanismo adequado para se evitar a sua continuação ou repetição.

Em caso de risco de danos graves ou irreversíveis, a ausência de certeza científica absoluta não deve servir de pretexto para procrastinar a adoção de medidas efetivas que visem a prevenir a degradação ambiental.

Vê-se, portanto, que a ação inibitória é consequência necessária do novo perfil do Estado e das novas situações que resguardam o direito substancial ao meio ambiente sustentável.

Ainda que a sua estruturação dependa de teorização adequada e de correta aplicação pelos tribunais brasileiros, a tutela inibitória mantém estreita relação com os princípios inspiradores da Constituição e com a necessidade de se conferir verdadeira atuação preventiva na defesa do meio ambiente.

O acesso à Justiça Ambiental, na dimensão preventiva aqui proposta, não se resume ao acesso ao processo ou ao acesso ao Poder Judiciário. Trata-se de acesso à via judicial adequada para tutelar direito difuso (via coletiva), à ação pertinente, que é a inibitória, e à técnica processual apta a salvaguardar as tutelas de urgência, qual seja, a tutela antecipada.

Não haveria qualquer justificativa para uma ação inibitória que se processasse pelo rito ordinário comum, no qual o provimento do apelo somente se concretizasse após longa instrução probatória e superação de todas as etapas processuais previstas no ordenamento. A não utilização da tutela antecipada em demandas ambientais contraria a própria noção de prevenção e esvazia de sentido a atuação judicial. Entretanto, como medida excepcional que é, a antecipação dos efeitos da tutela jurisdicional só será legítima se atender aos requisitos legais e for capaz de convencer o juízo de forma motivada, objetiva e racional.

A ação inibitória ambiental estará apta a alcançar a tutela efetiva de direitos difusos quando for tempestiva, adequada e justa e terá na antecipação de tutela um instrumento facilitador de acesso à Justiça Ambiental, quando a gravidade do caso concreto restar demonstrada e o perigo de dano assim o exigir.

Levando-se em conta as prerrogativas conferidas ao juízo pelo art. 84 do CDC, a instrumentalidade do processo e o acesso à Justiça como método de pensamento, é possível afirmar que, nos casos de lide ambiental, a tutela inibitória deve ser aplicada prioritariamente, em razão da magnitude do direito tutelado (direito difuso fundamental e transgeracional), do potencial danoso advindo de sua violação, da impossibilidade de se restabelecer o *status quo ante* na imensa maioria dos casos e, principalmente, da insuficiência da tutela meramente reparatória.

Conclui-se ainda que a concepção de dignidade humana mais coerente com os princípios e fundamentos constitucionais é aquela que contemple o indivíduo não apenas em seu aspecto individual e egoísta, mas na sua dimensão coletiva, integrado com os demais cidadãos e com o meio ambiente, a fim de promover a minimização de conflitos, a sadia qualidade de vida, o aperfeiçoamento do Estado Democrático de Direitos e a transformação social idealizada pelo constituinte.

Esta dignidade humana coletiva só será capaz de se materializar através de uma postura preventiva de todos, nos mais simplórios atos cotidianos, como a economia de água e adoção de práticas de reciclagem. Aos operadores do Direito, obrigatoriamente vinculados aos princípios e regras constitucionais e legais de prevenção, resta a obrigação jurídica e moral de se utilizarem das medidas adequadas para proteção do meio ambiente, cujo exponencial jurídico máximo é a tutela inibitória do ilícito.

Verificou-se ainda que, para além dos mecanismos judiciais de resolução de conflitos, a justiça conciliativa surge não apenas para conferir eficiência e funcionalidade ao aparelho jurisdicional (ajudando a diminuir a sobrecarga dos tribunais), mas também para dar solução a conflitos que frequentemente sequer são apreciados. Sob este enfoque, o Termo de Ajustamento de Conduta surge como importante ferramenta de resolução de conflitos ambientais, que será celebrado nos autos de um inquérito civil público ou de um procedimento administrativo, com força de título executivo e que não exclui ou limita uma intervenção judicial posterior, diante de fatos novos.

Entretanto, em nome da segurança jurídica, é preciso reconhecer sua natureza jurídica de **transação** para que fiquem consubstanciados os efeitos da coisa julgada material (se homologado judicialmente) ou da preclusão administrativa (se não for homologado judicialmente) de modo a se evitar que outro TAC ou mesmo uma Ação Civil Pública seja proposta posteriormente por outro legitimado em razão dos mesmos fatos já transacionados.

Por fim, observou-se que, além de desafogar o Judiciário, se utilizado adequadamente, este meio extrajudicial de resolução de conflito ambiental poderá imprimir rapidez e eficiência à causa ambiental, contribuindo para materialização do princípio de prevenção e do acesso à Justiça Ambiental.

Referências

ALARCÓN, Pietro de Jésus Lora. *O patrimônio genético humano e sua proteção na Constituição Federal de 1988*. São Paulo: Método, 2004.

ALMEIDA, Gregório Assagra de. *Direito material coletivo*: superação da summa divisio direito público e direito privado por uma nova summa divisio constitucionalizada. Belo Horizonte: Del Rey, 2008.

______. *Direito processual coletivo*: um novo ramo do direito processual. São Paulo: Saraiva, 2003.

______. *Manual das ações constitucionais*. Belo Horizonte: Del Rey, 2007.

ANTUNES, Paulo de Bessa. *Direito ambiental*, 12ª ed. Rio de Janeiro: Lumen Juris, 2010.

ARAÚJO, Fábio Caldas de; GAJARDONI, Fernando da Fonseca; MEDINA, José Miguel Garcia. *Procedimentos cautelares e especiais:* antecipação de tutela, jurisdição voluntária e ações coletivas e constitucionais. São Paulo: Revista dos Tribunais, 2009.

ARENHART, Sérgio Cruz. *A tutela inibitória coletiva*. São Paulo: Revista dos Tribunais, 2003.

______; MARINONI, Luiz Guilherme. *Procedimentos especiais*. 3ª ed. rev. e atual. São Paulo: Revista dos Tribunais, 2012.

______; MARINONI. Luiz Guilherme. *Processo de conhecimento.* 7ª ed. São Paulo: Revista dos Tribunais, 2008.

ARRUDA ALVIM NETO, José Manoel de. *Tratado de direito processual civil.* São Paulo: Revista dos Tribunais, 1990. v. 1.

BACELO, Leonel Wlater Quintero. A Tutela Processual de Dano Futuro no Direito Ambiental Brasileiro à Luz da Precaução na Sociedade de Risco. Monografia de Pós Graduação Latu Sensu da Universidade Anhanguera – UNIDERP, disponível em http://br.monografias.com/trabalhos-pdf/tutela-processual-dano-direito-ambiental/tutela-processual-dano-direito-ambiental.pdf. Acesso em 13 de Dez de 2013.

BARROSO, Luís Roberto. *O direito constitucional e a efetividade de suas normas:* limites e possibilidades da Constituição brasileira. Rio de Janeiro: Renovar, 2002.

BARROSO, Lucas Abreu. *A obrigação de indenizar e a determinação da responsabilidade civil por dano ambiental*, Rio de Janeiro: Forense, 2006.

BASTOS, Celso Ribeiro; MARTINS, Ives Gandra da Silva. *Comentários à Constituição do Brasil*: promulgada em 5 de outubro de 1988. 2ª ed. atual. São Paulo: Saraiva, 2000. v. 5.

BATISTA, Cláudia Karina Ladeia. *A proteção ambiental efetiva por meio da prevenção do ilícito*: um estudo da tutela inibitória. Dissertação de mestrado do Centro Universitário Toledo. 2009. Disponível em: <http://dominiopublico.mec.gov.br/download/teste/arqs/cp 115111.pdf>. Acesso em: 14 fev. 2014.

BEDAQUE, José Roberto dos Santos. *Tutela cautelar e tutela antecipada*: tutelas sumárias e de urgência (tentativa de sistematização). São Paulo: Malheiros, 2006.

______. *Tutela cautelar e tutela antecipada*: tutelas sumárias e de urgência (tentativa de sistematização). São Paulo: Malheiros, 1998.

BESSA. Leonardo. Dano moral coletivo. *Revista de Direito do Consumidor*, São Paulo, Revista dos Tribunais, nº 59, p. 79, jul./set. 2006.

BOBBIO, Norberto. *A era dos direitos*. Rio de Janeiro: Campus, 1992.

BONAVIDES, Paulo. *Do estado liberal ao estado social*. São Paulo: Malheiros, 2004.

______. *Curso de direito constitucional*. 24ª ed. São Paulo: Malheiros, 2009.

BRITTO, Carlos Ayres. *Teoria da Constituição*. 1ª ed. Rio de Janeiro: Forense, 2003.

CAPPELLETTI, Mauro; GARTH, Bryant. *Acesso à justiça*, Tradução de: Ellen Gracie Northfleet. Porto Alegre: Sérgio Antônio Fabris, 1988.

CARVALHO FILHO, José dos Santos. *Ação civil pública*: comentários por artigo (Lei nº 7.347, de 24/7/85). 7ª ed. Rio de Janeiro: Lumen Juris, 2009.

CARVALHO, Isabel Cristina Moura de. Em direção ao mundo da vida: interdisciplinaridade e educação ambiental. *Cadernos de Educação Ambiental*.

CARTEA, Pablo Angel Meira. Environmental Education in times of catastrophes: the education response to the shipwreck of the Prestige. *Educação e Pesquisa*, São Paulo, v. 31, nº 2, p. 265-283, 2005. Disponível em: <http://www.scielo.br/pdf/ep/v31n2/ena09v 31n2.pdf>. Acesso em: 20 jul. 2013.

CASTANHEIRA NEVES, Antônio. *Digesta*: escritos acerca do direito, do pensamento jurídico, da sua metodologia e outros. 1ª ed. Coimbra: Edifício Coimbra Editora. 2010. v. 3º.

CHECCHINATO, Renta Pires Castanho. Relação entre demandas coletivas, com ênfase no dano ambiental. Tese de Doutorado da USP. Disponível em: http://www.teses.usp.br/teses/disponiveis/2/2137/tde-06062011-101135/p.... Acesso em 20 de Abr. 2014.

DIDIER JR., Fredie; ZANETI JR., Hermes. *Curso de direito processual civil*: processo coletivo. Bahia: JusPodivm, 2007.

DINAMARCO, Cândido Rangel. *A reforma da reforma*. 2ª ed. São Paulo: Malheiros, 2002.

______. *Fundamentos do processo civil moderno*. 2ª ed. São Paulo: Revista dos Tribunais, 1987.

DINIZ, Maria Helena. *Curso de direito civil brasileiro*. 18ª ed. São Paulo, Saraiva, 2003, v. II.

FERREIRA, Rafael. O desenvolvimento sustentável do pólo gesseiro pernambucano frente às normas ambientais vigentes. Revista Jus Navigandi, Teresina, ano 16, n. 2741, 2 jan. 2011. Disponível em: <http://jus.com.br/artigos/18179>. Acesso em 28 mar. 2014.

FINK. Daniel Roberto. *Alternativas à ação civil pública ambiental*: reflexões sobre as vantagens do termo de ajustamento de conduta. In: Édis Milaré (Coord.). Ação civil pública – Lei n. 7.347/1985 – 15 anos, 2ª ed. São Paulo, Revista dos Tribunais, 2002.

GOLDIM, José Roberto. *O princípio da precaução*. Porto Alegre, 11 abr. 2002. p. 1. Disponível em: <http://www.ufrgs.br/bioetica/precau.htm>. Acesso em: 14 jan. 2014.

GOMES JUNIOR, Luiz Manoel; FAVRETO, Rogério. **A nova lei da ação civil pública e do sistema único de ações coletivas brasileiras – projeto de lei nº 5.139/2009.** *Revista Magister de Direito Empresarial, Concorrencial e do Consumidor*. Porto Alegre: Magister, ano V, nº 27, jun./jul. 2009.

______. *Ação popular*: aspectos polêmicos. 2ª ed. Rio de Janeiro: Forense, 2004.

______. *Curso de direito processual civil coletivo*. Rio de Janeiro: Forense, 2005.

GRINOVER, Ada Pellegrini. *Novas tendências do direito processual*. 2ª ed. São Paulo: Forense, 1990.

______. Antecipação de tutela no inquérito civil à luz das garantias constitucionais fundamentais do contraditório e da prova "inequívoca". *Revista de Direitos e Garantias Fundamentais*, nº 8, 2010.

______; CINTRA, Antônio Carlos de Araújo; DINAMARCO, Cândido Rangel. *Teoria geral do processo*. 27ª ed. São Paulo: Malheiros, 2011.

______; WATANABE, Kazuo; NERY JÚNIOR, Nelson. *Código de defesa do consumidor comentado pelos autores do anteprojeto*. 10ª ed. Rio de Janeiro: Gen-Forense, 2011.

______. MENDES, Aluísio Gonçalves de Castro; WATANABE, Kazuo. *Direito processual coletivo e o anteprojeto de código brasileiro de processos coletivos*. São Paulo: Revista dos Tribunais, 2007.

______; WATANABE, Kazuo; MULLENIX, Linda. *Os processos coletivos nos países de civil law e common law*: uma análise de direito comparado. 2ª ed. São Paulo: Revista dos Tribunais, 2011.

______. *Da natureza jurídica do* TAC: Transação. Texto fornecido pela autora.

______. *Lago Agrio Litigationand International Arbitration*. Parecer jurídico fornecido pela autora.

______. *Os fundamentos da justiça conciliativa*. Disponível em: <http://www2.trf4.jus.br/trf4/upload/editor/rbb_ADA%20PELLE.pdf> Acesso em: 16 abr. 2014.

GUSTIN, Miracy Barbosa de Souza; DIAS, Maria Tereza Fonseca. *(Re)Pensando a pesquisa jurídica*. 4ª ed. Belo Horizonte: Del Rey, 2012.

KANT, Immanuel. *Fundamentação da metafísica dos costumes e outros escritos*. Tradução de Leopoldo Holzbach. São Paulo: Martin Claret, 2004.

LEFF, Enrique. *Epistemologia ambiental*. Tradução de: Sandra Valenzuela. São Paulo: Cortez, 2002.

LEONEL; Ricardo de Barros. *Manual do processo coletivo*. São Paulo: Revista dos Tribunais, 2002.

MACHADO; Paulo Affonso Leme. *Direito ambiental brasileiro*. 18ª ed. São Paulo: Malheiros, 2010.

MANCUSO, Rodolfo de Camargo. *Interesses difusos*: conceito e legitimação para agir. 7ª ed. São Paulo: Revista dos Tribunais, 2011.

____________. *Ação popular* – Proteção do erário público, do patrimônio cultural e natural e do meio ambiente. São Paulo: Revista dos Tribunais, 1994.

MARQUES, Marcelino Pereira. Dano Moral Coletivo. Dissertação de Mestrado da Faculdade Milton Campos. Disponível em http://www.mcampos.br/posgraduacao/mestrado/dissertacoes/2011/marcelinopereiramarquesdanomoralcoletivoaspectos-relevantesaplicacaodireitobrasileiro.pdf Acesso em 07 de Jan. 2014.

MARINONI, Luiz Guilherme. *Tutela inibitória*: individual e coletiva. 4ª ed. São Paulo: Revista dos Tribunais, 2006.

______. *Novas linhas do processo civil*. 4ª ed. São Paulo: Malheiros, 2000.

______. *Técnica processual e tutela dos direitos*. São Paulo: Revista dos Tribunais, 2004.

______. *Tutela inibitória e tutela de remoção do ilícito*. Jus Navigandi, Teresina, ano 8, nº 272, 5 abr. 2004. Disponível em: <http://jus.com.br/artigos/5041/tutela-inibitoria-e-tutela-de-remocao-do-ilicito>. Acesso em: 05 jan. 2014.

MATTOS, Fernanda Miranda Ferreira. *Responsabilidade pós-consumo:* a aplicação da logística reversa na destinação dos resíduos decorrentes do encerramento da cadeia produtiva. Dissertação de Mestrado da Universidade do Estado do Amazonas. Disponível em http://www.pos.uea.edu.br/data/area/titulado/download/31-6.pdf. Acesso em 14 de Fev. 2014

MAZZILLI, Hugo Nigro. *A defesa dos interesses difusos em juízo*. 24ª ed. São Paulo: Saraiva, 2011.

______. *O inquérito civil*: investigações do Ministério Público, compromissos de ajustamento e audiências públicas. 3ª ed. São Paulo: Saraiva, 2008.

MEDINA, José Miguel Garcia; ARAÚJO, Fábio Caldas de; GAJARDONI, Fernando da Fonseca. *Procedimentos cautelares e especiais:* antecipação de tutela, jurisdição voluntária e ações coletivas e constitucionais. São Paulo: Revista dos Tribunais, 2009.

MENDES, Aluísio Gonçalves de castro. *Ações coletivas no direito comparado e nacional*. São Paulo: Revista dos Tribunais, 2002.

MILARÉ, Edis. *Direito do ambiente:* a gestão ambiental em foco. Doutrina. Jurisprudência. Glossário. 7ª ed. São Paulo: Revista dos Tribunais, 2011.

MIRRA, Álvaro Luiz Valery. *Fundamentos do direito ambiental no Brasil*. São Paulo: Revista dos Tribunais, 1994.

______. *Limites e controle dos atos do poder público em matéria ambiental*. Ação civil pública. São Paulo: Revista do Tribunais, 1995.

MOREIRA, José Carlos Barbosa. A proteção jurídica dos interesses coletivos. In: *Temas de direito processual*. 3ª Série. São Paulo: Saraiva, 1984.

______. *Tutela jurisdicional dos interesses coletivos ou difusos*. In: *Temas de direito processual*. 3. Série. São Paulo: Saraiva, 1984.

______. Tutela sancionatória e tutela preventiva. In: *Temas de direito processual*. 2. Série. São Paulo: Saraiva, 1980.

______. *O novo processo civil brasileiro*: exposição sistemática do procedimento. 27ª ed. Rio de Janeiro: Forense, 2009.

NERY JÚNIOR, Nelson; ANDRADE NERY, Rosa Maria de. *Código de processo civil comentado*. 13ª ed. São Paulo: Revista dos Tribunais, 2013.

NEVES, Daniel Amorim Assumpção. *Manual de direito processual civil*. 2ª ed. São Paulo: Gen/Método, 2010.

NOVELINO, Marcelo. *Direito constitucional*. 2ª ed. São Paulo: Método, 2008.

OLIVEIRA, Germana Maria Leal de. Da inadequação da ação cautelar para prestação da tutela inibitória e da remoção do ilícito. *Revista de Dialética de Direito Processual*, nº 24, mar./2005.

OLIVEIRA, Marcelo Henrique Matos. Considerações sobre os direitos transindividuais. Disponível em: http://www.cognitiojuris.com/artigos/02/06.html. Acesso em 16 de Fev. 2014.

PINHEIRO PEDRO, Fernando Antônio. *Desvendando o termo de ajustamento de conduta*. Disponível em: <http://ultimainstancia.uol.com.br/conteudo/colunas/66485/>. Acesso em: 19 abr. 2014.

RODRIGUES, Geisa de Assis. *Ação civil pública e termo de ajustamento de conduta*: teoria e prática. Rio de Janeiro: Forense, 2002.

RODRIGUES, Marcelo Abelha. *Instituições de direito ambiental*. São Paulo: Max Limonad, 2002.

SARLET, Ingo Wolfgang. *A eficácia dos direitos fundamentais:* uma teoria geral dos direitos fundamentais na perspectiva constitucional. 10ª ed. Porto Alegre: Livraria do Advogado, 2011.

______. *Dignidade da pessoa humana e direitos fundamentais na Constituição Federal de 1988*. Porto Alegre: Livraria do Advogado. 2001.

SILVA. José Afonso da. *Comentário contextual à Constituição.* 6ª ed. São Paulo: Malheiros, 2009.

______. *Direito ambiental constitucional.* 5ª ed. São Paulo: Malheiros, 2004.

SOUZA SANTOS, Boaventura; LEITÃO MARQUES, Maria Manuel; PEDROSO, João; LOPES FERREIRA, Pedro. *Os tribunais nas sociedades contemporâneas:* o caso português. Porto: Edições Afrontamento, 1996.

______. Acesso à justiça. In: *Justiça: promessa e realidade.* Organização AMB. Rio de Janeiro: Nova Fronteira, 1996.

SPADONI, Joaquim Felipe. *Ação inibitória:* a ação preventiva no art. 461 do CPC. São Paulo: Revista dos Tribunais, 2002.

TALAMINI, Eduardo. *Tutela relativa aos deveres de fazer e de não fazer:* e sua extensão aos deveres de entrega de coisa. 2 ed. São Paulo: Revista dos Tribunais, 2003.

THEODORO JÚNIOR, Humberto. *Curso de direito processual civil.* Rio de Janeiro: Forense, 2002. v. II.

VENTURI, Elton. *Processo civil coletivo:* a tutela jurisdicional dos direitos difusos, coletivos e individuais homogêneos no Brasil. Perspectivas de um código brasileiro de processos coletivos. São Paulo: Malheiros Editores, 2007.

VIEIRA, Susana Camargo. *Desenvolvimento sustentável.* A evolução do conceito. **Jus Navigandi**, Teresina, ano 13, nº 1961, 13 nov. 2008 . Disponível em: <http://jus.com.br/ artigos/11961>. Acesso em: 18 nov. 2013.

VIGLIAR, José Marcelo Menezes. *Ações coletivas.* Bahia: JusPodivm, 2007.

ZAVASCKI, Teori Albino. Antecipação de Tutela e Colisão de Direitos Fundamentais, Revista do Tribunal Regional Federal: 1 Região, v. 7, n. 3, p. 15- 32, jul./set. 1995.

______. Teori Albino. *Antecipação da tutela.* Rio de Janeiro: Saraiva, 1997.

______. Reforma do processo coletivo: indispensabilidade de disciplina diferenciada para direitos individuais homogêneos e para direitos transindividuais. In: *Direito processual coletivo e o anteprojeto de código brasileiro de processos coletivos.* GRINOVER, Ada Pellegrini; MENDES, Aluisio Gonçalves de Castro; WATANEBE, Kazuo (Coords.). São Paulo: Revista dos Tribunais, 2007.

______. MITIDIERO, Daniel. *Código de processo civil:* comentado artigo por artigo. 5ª ed. São Paulo: Revista nos Tribunais, 2013.

WATANABE, Kazuo. Acesso à justiça e sociedade moderna. In: *Participação e processo.* Rio de Janeiro: Revista dos Tribunais, 1988.